W0233034

ERMES RONCHI
DIE NACKTEN FRAGEN DES EVANGELIUMS

Ermes Ronchi

Die nackten
FRAGEN
des Evangeliums

VERLAG NEUE STADT
MÜNCHEN · ZÜRICH · WIEN

Titel der italienischen Originalausgabe:
Ermes Ronchi, Le nude domande del Vangelo.
Meditazioni proposte a Papa Francesco e alla Curia Romana,
© 2016 Edizioni San Paolo s.r.l., Piazza Soncino 5, I–20092 Cinisello
Balsamo (Milano). www.edizionisanpaolo.it

Übertragung aus dem Italienischen: Stefan Liesenfeld

Klimaneutral gedruckt. Weil jeder Beitrag zählt.

2017, 3. Auflage
© Alle Rechte der deutschsprachigen Ausgabe
bei Verlag Neue Stadt GmbH, München
Umschlaggestaltung (unter Verwendung eines Fotos des
Osservatore Romano) und Satz: Neue-Stadt-Grafik
Druck: cpi – Clausen & Bosse, Leck
ISBN 978-3-7346-1112-4

www.neuestadt.com

Inhalt

Diese Publikation geht zurück auf die Fastenexerzitien, die Pater Ermes Ronchi OSM Anfang März 2016 im Vatikan für den Papst und die Kurie gehalten hat. Im Herbst 2015 hatte Papst Franziskus ihn in seiner Mailänder Pfarrei persönlich angerufen und ihn darum gebeten. Die unter dem Titel „Le nude domande del Vangelo" („Die nackten Fragen des Evangeliums") veröffentlichten Meditationen wurden sofort ein Bestseller.

Ermes Ronchi, Jahrgang 1947, Studien u. a. in Rom, an der Sorbonne und am Institut Catholique in Paris, promovierter Theologe und Autor zahlreicher Bücher, lebt seit September 2016 in einer kleinen Gemeinschaft seines Ordens in Isola Vicentina bei Asiago.

Papst Franziskus
an Pater Ermes Ronchi OSM

Ich möchte Ihnen, lieber Bruder, von Herzen danken für den Dienst, den Sie uns im Rahmen der geistlichen Exerzitien erwiesen haben. Zusammen mit meinen Mitarbeitern in der Römischen Kurie habe ich Tage intensiver spiritueller Erfahrung durchlebt ...

Ausgehend von einigen wesentlichen Fragen, die Jesus seinen Zuhörern stellt, haben Sie uns geholfen, wieder uns selbst zu finden und zu erkennen, was für unseren ganz persönlichen existenziellen Weg wie für unseren Weg als Priester wirklich wichtig ist. Die Begegnung mit den Worten des göttlichen Meisters war eine Hilfe für unser Beten, für das Gespräch von Herz zu Herz mit Gott – im Hören auf das, was er uns sagt, und in der Antwort eines aufrichtig geöffneten Herzens im Gebet.

Wieder einmal hat der Heilige Geist uns in die „Wüste" geführt, um uns zu formen, um die Berge unserer Widerstände abzutragen, um die Kanten unserer Starrköpfigkeit abzuschleifen und die Mauern unseres Misstrauens niederzureißen. Auf diese Weise erneuert und mit der abermaligen Erfahrung der grenzenlosen Barmherzigkeit Gottes können wir uns nun wieder aufmachen, den Schwestern und Brüdern in Liebe zu dienen.

Die Worte Jesu, die wir meditiert und verinnerlicht haben, haben uns nicht zuletzt den Weg zu einer Verbundenheit mit Gott gezeigt, in der wir ihm helfen können, dass er in dieser Welt spürbar, ja greifbar wird: auf den Straßen und Plätzen, besonders unter den Schwestern und Brüdern, die am meisten vom Leben geprüft und am stärksten vom Egoismus in der Welt gezeichnet sind.

Auf diesem geistlichen Weg haben Sie uns geleitet, indem Sie uns geholfen haben, die kontemplative Dimension unseres Lebens neu zu entdecken und uns neu mit Gott „aufzuladen". Die Zeiten der Reflexion, der Sammlung und des Gebets haben uns damit konfrontiert, was die Taufe und das Weihesakrament beinhalten, und spornen uns an, Licht, Güte und Hoffnung in die Welt zu tragen.

Nochmals möchte ich Ihnen sehr herzlich danken, auch im Namen aller, die von Ihren schönen Meditationen profitiert haben. Und ich bitte Sie, nicht nachzulassen im Gebet für mich.

Ich vertraue Sie und Ihren Dienst dem mütterlichen Schutz Marias an und segne Sie und alle, die Ihrer Seelsorge anvertraut sind, von Herzen.

Aus dem Vatikan, 11. März 2016
Papst Franziskus

Wie eine öffentliche Quelle

Bernhard von Clairvaux schrieb an Papst Eugen:

Nun höre, was ich tadeln und was ich raten möchte:
Wenn du dein ganzes Leben und Wissen für das
Tun aufwendest, für die Besinnung aber nichts, soll ich
dich da etwa loben? Nein, dafür kann ich dich nicht loben!
Keiner würde das tun, der das Wort Salomos gehört hat:
„Wer seine Tätigkeiten zurückfährt, wird zur Weisheit ge-
langen." (...)

Du willst ganz für alle da sein ...? Dann kann ich deine
Menschenliebe nur loben, jedenfalls sofern sie umfassend
ist. Wie aber wäre sie umfassend, wenn du selber ausge-
nommen wärest? Auch du bist ein Mensch! Wenn deine
Menschenliebe umfassend und vollständig sein will, da sie
ja allen gelten soll, muss sie auch dich einschließen. Denn
was nützt es dir sonst, wenn du alle gewinnst, aber, wie der
Herr sagt, dich selbst verlierst? Wenn also alle Besitz von
dir ergreifen wollen, so nimm dich auch selbst in Besitz.

Warum solltest nur du um das Geschenk deiner selbst betrogen werden? Wie lange noch willst du ein Geist sein, der sich verströmt, ohne wieder zu sich zurückzukehren? Wie lange empfängst du alle und lässt dabei dich selber aus? Du meinst, klugen und weniger klugen Menschen etwas schuldig zu sein, und dir allein willst du dich versagen? Dumme und Kluge, Sklaven und Freie, Reiche und Arme, Kleriker und Laien, Gerechte und Ungerechte, alle haben gleichermaßen Anteil an dir, alle schöpfen aus deinem Herzen wie aus einer öffentlichen Quelle. Nur du allein willst dürstend abseits stehen? Wenn einer verflucht sein soll, der sein Erbteil schädigt, was soll aus dem werden, der es als Ganzes verschleudert? Gewiss sollen deine Quellen auf die Straßen fließen, Menschen, Großvieh und Kleinvieh sollen daraus trinken, selbst den Kamelen des Knechtes Abraham magst du einen Trunk anbieten, doch trinke auch du mit ihnen vom Wasser deines Brunnens! Die Schrift sagt: „Kein Fremder soll daraus trinken!" Bist du etwa ein Fremder? Für wen wärst du kein Fremder, wenn du dir selber fremd bist? Schließlich: Wer mit sich selbst nachlässig umgeht, wem kann der gut sein?

Denke also daran – ich sage nicht: immer, ich sage nicht: oft, aber doch zuweilen – dir Zeit für dich selbst zu nehmen! Gönne dich auch dir selbst, zusammen mit all den anderen oder zumindest nach ihnen!"

Bernhard von Clairvaux,
De consideratione ad Eugenium papam, I. V, 6

Was sucht ihr?

(Johannes 1,38)

[Zu den Exerzitienteilnehmern aus der Kurie]
Brüder und Väter, vorab möchte ich euch in meinem Namen und im Namen vieler Gläubiger für euren Dienst am Gottesvolk danken. Denn in diesen Tagen zieht ihr euch aus allem heraus, um auf unseren gemeinsamen Meister und Lehrer zu hören: auf Jesus. So gebt ihr uns ein Beispiel dafür, wie man sein Herz ans Evangelium verlieren kann.

Am Anfang schuf Gott das Fragezeichen

In einem geflügelten jüdischen Wort heißt es, dass Gott am Anfang das Fragezeichen schuf und es ins Menschenherz hineinlegte. Auf der Einladung zu diesen Exerzitien war ein Gefäß mit Duftöl abgebildet, von Frauenhänden umfasst: ein schönes Symbol für die Frage. Denn eine Frage ist wie ein versiegeltes Gefäß, ein verschlossener kostbarer Schrein, der zu hüten und nur mit größter Sorgfalt zu öffnen ist. Anders gesagt: Fragen bergen Schätze und können uns Neues offenbaren.

In dieser Zeit der Reflexion sind wir eingeladen zu hören: zu hören auf einen Gott der Fragen; nicht unsererseits den Herrn zu befragen, sondern uns von ihm Fragen stellen zu lassen! Und statt gleich nach Antworten zu suchen, sollten wir erst einmal die Fragen stehen lassen, sie in uns aufnehmen, ihnen nachspüren: den nackten Fragen des Evangeliums. Die Fragen lieben! Uns mit den Fragen anfreunden! Warum? Weil sie bereits Offenbarung sind!

Wir machen uns Gedanken, wie wir Gott begegnen können. Überlassen wir es doch ihm, mit uns in Beziehung zu treten – mit seinen Fragen, die Mut machen, denen man aber auch schwerlich ausweichen kann.

Die Frage entwaffnet. Und sie macht dich zum Hauptakteur: *Du* bist gefragt, als freier Partner in einem Dialog mit offenem Ausgang.

Das Fragezeichen ähnelt einem Angelhaken. Wie ein Angler seine Angel, so wirft das Evangelium seine Fragen aus, um uns zu sich zu ziehen, um uns zu „angeln" und als „Fischfang des Herrn" (Tertullian) emporzuziehen an die Luft, ans Licht. Aufatmen, klar sehen: ein Bild für das, was Umkehr bedeutet.

Das Fragezeichen erinnert auch an eine Kralle, eine Adlerkralle. Hat der Adler seine Beute gepackt, schwingt er sich mit ihr hinauf, ohne sie loszulassen. So lassen uns auch die wichtigen Fragen nicht los; sie konfrontieren uns mit der Wahrheit, ob wir wollen oder nicht. Wir sind ja nicht die Besitzer der Wahrheit, wir können uns nur von ihr „besitzen lassen".

Die erste Frage Jesu

Jesus beginnt sein öffentliches Wirken mit einer ersten Frage. Es war „in Betanien, auf der anderen Seite des Jordan, wo Johannes taufte ... Johannes [stand] wieder dort und zwei seiner Jünger standen bei ihm. Als Jesus vorüberging, richtete Johannes seinen Blick auf ihn und sagte: ‚Seht, das Lamm Gottes!‘ Die beiden Jünger hörten, was er sagte, und folgten Jesus. Jesus aber wandte sich um, und als er sah, dass sie ihm folgten, fragte er sie: ‚Was sucht ihr?‘ Sie sagten zu ihm: ‚Rabbi – das heißt übersetzt: Meister –, wo wohnst du?‘ Er antwortete: ‚Kommt und seht!‘ Da kamen sie mit und sahen, wo er wohnte, und blieben jenen Tag bei ihm; es war um die zehnte Stunde“ (Johannes 1,28.35–39).

Jesus, unser Freund, ist auch hier und heute unter uns und will uns eine gute Nachricht bringen, uns etwas offenbaren, und er tut es, indem er zunächst einfach eine Frage stellt: „Was sucht ihr?“ – Nicht unsere Antwort, sondern diese nackte Frage ist Wort Gottes. Es ist eine Frage, die ins Herz trifft, die in uns arbeitet, die Wege bahnt, die hilft, Luft zu holen. Da ist ein Geburtshelfer am Werk, der sein Geschäft versteht.

Am Anfang am Jordan, am „dritten Tag“ in der Erzählung, wie auch an jenem anderen „dritten Tag“, im Garten bei der Begegnung mit Maria aus Magdala, bei dem ganz neuen Anfang, kommt Jesus und sagt dasselbe Wort: „Was *sucht* ihr?“, „Frau, wen *suchst* du?“ (vgl. Johannes 20,15).

Was suchst du? Diese Frage stellt Jesus jedem, der das Risiko eingehen will, ihm zu folgen. „Suchen" – mit diesem Verb gibt Jesus geradezu eine Definition des Menschen. Wir sind Geschöpfe, die fragen und suchen, Geschöpfe voller Sehnsucht. Goldsucher sind wir seit unserer Erschaffung, seit uns der Gottesgeist eingehaucht wurde. Die Fragen, die ganz menschlichen Fragen, schon die der kleinen Kinder, sind Ausdruck unserer Wünsche, unserer Bedürfnisse, von all dem, was wir zum Leben brauchen – wie die Luft, die Nahrung, die Liebe. Dürstende, Hungernde sind wir.

Gotthold Ephraim Lessing schrieb, wenn Gott ihm „in seiner Rechten alle Wahrheit und in seiner Linken den einzigen immer regen Trieb nach Wahrheit verschlossen hielte und spräche: Wähle!", so würde er die Linke bevorzugen. – Es ist besser, die Fragen und Eroberungen und damit das Staunen und Empfangen zu wählen; denn das Suchen beflügelt ...

Wir beobachten, wie alles in der Welt in Veränderung begriffen ist. Die ständige Veränderung gehört notwendig zu unserem Leben. In unserem Körper wie in unserer Psyche. Stillstand bedeutet das Ende des Lebens. Schon die Vorstellung, nichts mehr zu erwarten zu haben, schon der Gedanke an eine Existenz, in der sich immerzu das Altbekannte wiederholt, wäre zum Erschaudern.

Fragen öffnen für das Neue; sie sind ein Geschenk, sie halten Überraschungen bereit, sie sind Nahrung, sie sind das Manna auf unserem Weg hin zum gelobten Land.

WAS IST DAS?! – DAS MANNA DER FRAGEN

In der Erzählung vom Auszug der Israeliten aus Ägypten heißt es: „Am Abend kamen die Wachteln und bedeckten das Lager. Am Morgen lag eine Schicht von Tau rings um das Lager. Als sich die Tauschicht gehoben hatte, lag auf dem Wüstenboden etwas Feines, Knuspriges, fein wie Reif, auf der Erde. Als das die Israeliten sahen, sagten sie zueinander: ‚Was ist das?' Denn sie wussten nicht, was es war. Da sagte Mose zu ihnen: ‚Das ist das Brot, das der Herr euch zu essen gibt'" (Exodus 16,13–15).

Der Name für die Nahrung in der Wüste ist eine Frage: Manna heißt „Was ist das?". Der Mensch trägt das Manna der Fragen in sich als ein Geschenk, das Gott in ihn hineingelegt hat. Unsere Nahrung ist die je neue tägliche Ration an Fragen. Sie sind wie Brot für Herz und Geist, Manna für die lange Reise.

Rainer Maria Rilke rät in seinen „Briefen an einen jungen Dichter" seinem Adressaten, *die Fragen* zu lieben und sie gut „zu leben".[1] Er soll nicht von Tür zu Tür eilen, von Buch zu Buch, von Lehrer zu Lehrer auf der Suche nach

---

[1] „Sie sind so jung, so vor allem Anfang, und ich möchte Sie, so gut ich es kann, bitten, lieber Herr, Geduld zu haben gegen alles Ungelöste in Ihrem Herzen und zu versuchen, die Fragen selbst liebzuhaben wie verschlossene Stuben und wie Bücher, die in einer sehr fremden Sprache geschrieben sind. Forschen Sie jetzt nicht nach den Antworten, die Ihnen nicht gegeben werden können, weil Sie sie nicht leben könnten. Und es handelt sich darum, alles zu leben. Leben Sie jetzt die Fragen. Vielleicht leben Sie dann allmählich, ohne es zu merken, eines fernen Tages in die Antwort hinein" (aus einem Brief an Franz Xaver Kappus, 16.7.1903).

Antworten, sondern die Fragen lieben, sie in sich arbeiten lassen, sie als notwendige Reifezeit begreifen.

Wir wollen der Empfehlung Rilkes folgend die Fragen Jesu gut „leben"; sie sind „Wort Gottes auf dem Weg", sie öffnen Türen, bahnen Wege im Herzen.

Antworten geben Definitionen, Fragen geben Fingerzeige. Definitionen setzen Schlusspunkte, Fragen laden ein weiterzugehen. Fragen sind wie junge Leute, die das Leben vor sich haben, Fragen sind wie der frühe Morgen: Wer das Fragen wachhält, hat stets den Tag vor sich.

Jesus führt mehr durch Fragen zum Glauben als durch belehrende Reden. Er sprach „zu der Menschenmenge durch Gleichnisse; er redete nur in Gleichnissen zu ihnen", heißt es im Matthäusevangelium (13,34) – und in Form von Fragen: In den Evangelien finden sich 37 Gleichnisse (die an 49 Stellen wiedergegeben werden) und über 220 Fragen Jesu, Fragen an die Jünger, an Kranke, an Fremde, an Freunde und Gegner.

Die offene Frage ist eine Form gewaltfreier Kommunikation, denn sie bringt den anderen nicht zum Schweigen, sondern sucht das Gespräch, bezieht den Gesprächspartner ein und lässt ihm seine Freiheit.

Jesus selbst ist eine Frage. Sein Leben und sein Tod sind eine Anfrage an uns, worin wir den letzten Sinn, das Glück des Lebens sehen. – Die Antwort ist übrigens wiederum er.

Mit der schlichten Frage „Was sucht ihr?" gibt Jesus uns zu verstehen, dass uns etwas abgeht. Zu suchen beginnt man, wenn einem etwas fehlt, wenn eine Leere, ein Mangel überwunden werden soll.

Die beiden, die im Begriff sind, Jesus zu folgen, haben sich nicht gemütlich eingerichtet in ihrem spirituellen Zuhause, sie begnügen sich nicht damit, Jünger des großen Propheten Johannes zu sein, sie geben sich nicht zufrieden mit dem, was sie haben, sondern sie wollen und brauchen mehr. In dieser Hinsicht sind sie wahre Meister des geistlichen Lebens. Selig die Unzufriedenen; denn sie werden Schatzsucher sein!

Und wie steht es um mich? Was fehlt mir? Bin ich wirklich glücklich? Wie lebendig ist meine Berufung, was ist geworden aus der Liebe „in den Tagen der Jugend" (vgl. Hosea 2,16f)? Fehlt es mir womöglich an Leidenschaft für Gott?

Auch uns fragt der Herr: „Was sucht ihr?". Was suchen wir hier und heute, was erwarten wir von dieser Besinnung? Wenn der Herr zu mir spricht, geht es ihm nicht um meine Bildung, meine Kompetenz, meine Theologie, sondern um mich als Mensch. Auf seine Frage können alle antworten: Schwache wie Starke, Gelehrte und weniger Gebildete, Laien, Priester, Ordenschristen, alle Menschen.

„Was sucht ihr?" – Vor dieser Frage sind alle gleich. „Was sucht ihr?" – Mit dieser Frage erlaubt Jesus uns, unsicher zu sein, nicht alles klar zu haben. Wir haben das Recht, schwach zu sein; wie könnten wir sonst beten, Hilfe von ihm, dem „starken Gott", erbitten, uns an ihn, den „Felsen", wenden (vgl. 2 Samuel 22,2)?

„Was sucht ihr?" – Nicht an den Verstand ist diese Frage gerichtet; es ist auch keine Frage nach meinen zufälligen aktuellen Wünschen oder meiner momentanen emotionalen Befindlichkeit. Die Frage geht tiefer. Jesus, der Lehrer des Herzens, interessiert sich für das, was uns im Innersten bewegt: Was ist dein größter, dein tiefster Wunsch?

Jesus kommt, um auch unser Sehnen zu „evangelisieren". Er kann unsere Sehnsucht deuten und Orientierung geben; er lehrt uns, uns nicht vorschnell zufriedenzugeben, sondern Hunger nach dem Himmel zu haben, den unbändigen Drang nach „je mehr" wachzuhalten. Viele in unserer Umgebung mögen einem suggerieren: Du hast es geschafft!, oder: Du kannst doch zufrieden sein!, oder auch: Du hast schon genug Gutes getan ... – Jesus „rettet" die Größe unserer Sehnsucht, er befreit sie aus der resignativ-depressiven Selbstbeschränkung, aus der Gefahr, sich selbst klein zu machen, aus aller Banalisierung. Er selbst wird zum Manna in unseren Wüsten. Wie? Nicht zuletzt durch ein unscheinbares Wort, von dem die Evangelien voll sind: durch das Wort „wie". „Seid wie der Vater"; „wie im Himmel"; „wie ich", wie Jesus. In diesem „wie" tut sich der weiteste denkbare Horizont auf.

* * *

Wie schmeckte das Manna? Der Weise antwortet: So, wie es einem jeden mundete. Das Manna hat den Geschmack der ganz persönlichen Sehnsucht: Meine Sehnsucht ist mein Manna: Brot der Wüste.

Jesus verlangt nicht primär Verzicht und Opfer, er verlangt nicht, dass wir uns auf dem Altar der Pflicht und Anstrengung aufopfern; er möchte vor allem, dass wir auf das Herz hören und unsere tiefste Sehnsucht wahrnehmen, dass wir begreifen, was uns wirklich glücklich macht und im Innersten bewegt. Die Kirchenväter sprechen von der „Rückkehr zum Herzen" (*reditus ad cor*). Die Menschen sehen auf das Äußere, Gott schaut auf das Herz (vgl. 1 Samuel 16,7). Hören wir also auf das Herz, umarmen wir den Herrn, trinken wir mit unseren Lippen an der Quelle, um bei ihm unseren Durst zu stillen, wie Bernhard von Clairvaux sagt.

Die „goldene Regel" (uns anderen gegenüber so zu verhalten, wie wir selbst behandelt werden möchten; vgl. Lukas 6,31) kann dort Realität werden, wo jemand verstanden hat, was er sich selbst wünscht; erst dann wird er begreifen, was er den anderen zu geben hat. Lerne, was dir gut tut, dann wirst du auch dem anderen geben können, was ihm gut tut: ein gutes Wort zum Beispiel, ein ungekünsteltes Lächeln, eine in redlicher Absicht und nicht aus Konvention oder Kalkül gereichte Hand.

Du willst für dich Barmherzigkeit, Respekt, Verständnis, du erwartest, dass deinen Fehlern nicht zu viel Gewicht gegeben wird, du wünschst dir, dass man nicht hinter deinem Rücken über dich spricht? Ja, sicher! Und wenn du hingehört hast auf dein Herz und seine Wünsche, dann wirst du dich anderen gegenüber auch entsprechend verhalten. Welch wunderbare Kurzformel, in der sich das Gesetz bündelt: Kehr um zum Herzen!

Was die Sehnsucht und das Wollen der Menschen betrifft, bietet uns Jesus weitere Fragen an: „Was soll ich dir tun?" (Markus 10,51); „Was soll ich für euch tun?" (Markus 10,36). Dem Aussätzigen fällt die Antwort nicht schwer, bei dem Blinden von Jericho liegt sie auf der Hand. Jakobus und Johannes träumen von einer Machtposition zur Rechten und zur Linken ihres Herrn. Und ich? Wovon träume ich?

Im 1. Buch der Könige findet sich die eindrucksvolle Erzählung vom jungen Salomo (3,5–15). In der Nacht, bevor er den Thron bestieg, erschien ihm der Herr im Traum und forderte ihn auf: „Sprich eine Bitte aus, die ich dir gewähren soll." – Ein bewegender Gedanke: Gott wendet sich mit diesen Worten auch an mich. Erbitte von mir, was du willst; ich werde es dir geben! – Was soll ich von Gott erbitten? Was ist mir das Kostbarste? Was ist mein tiefster Wunsch?

Salomo hat in der Nacht vom Herrn das erbeten, was ihm am wichtigsten ist: „Verleih deinem Knecht ein hörendes Herz!" Gott staunt darüber; verwundert und voller Freude antwortet er: „Weil du gerade diese Bitte ausgesprochen hast und nicht um langes Leben, Reichtum oder um den Tod deiner Feinde, sondern um Einsicht gebeten hast, um auf das Recht zu hören, werde ich deine Bitte erfüllen. Sieh, ich gebe dir ein so weises und verständiges Herz, dass keiner vor dir war und keiner nach dir kommen wird, der dir gleicht. Aber auch das, was du nicht erbeten hast, will ich dir geben ..." (3,11–14). Salomo erbittet ein hörendes Herz, um das Volk regieren und das Gute vom Bösen unterscheiden zu können (3,9). Ohne ein hörendes Herz werden wir unser Haus, unsere Arbeit, unsere große oder kleine Gemeinde, unsere Aufgaben jeglicher Art nicht geordnet bzw. geleitet bekommen, nicht einmal unsere innere Welt. Ein hörendes Herz: welch ein Geschenk! Unablässig sollten wir Gott darum bitten, damit wir ihn hören können – und den Schrei von Abel, den Schrei der Schwestern und Brüder in Not, Himmel und Erde, Engel und Gleichnisse, die Schönheit der Erde und den Klang der Schöpfung, die „Kleinen und Armen" und das, was wir von ihnen zu lernen haben.

Schon der kleine Samuel hat in einer ersten von vielen Nächten gelernt, im Hinhören den Herrn kennenzulernen: „Rede, Herr; denn dein Diener hört" (1 Samuel 3,9).

Der erste Gottesdienst wie auch der erste Dienst an den Menschen ist das Hören, ein Hinhören, das mehr ist als das beiläufige Vernehmen von Stimmen oder Geräuschen. Es geht nicht um eine Sinneswahrnehmung, sondern um das „hörende Herz".

Solches Hören ist eine Kunst. Hören wie Kinder, die mit den Augen „hören", die sehen – und verstehen; hören wie Verliebte, die „ganz Ohr" sind füreinander.

Was suche ich? *Diese* Frage bricht das verschlossene Herz auf. Und nicht Fragen wie: Was muss ich tun? Wie soll ich sein? Es geht nicht primär darum, was ich darf und was nicht, sondern wer ich bin. Was bewegt mich, was geschieht in meinem Inneren, im vitalen „Innenraum" meines Herzens? Ist es uns wirklich bewusst?

Dazu eine Geschichte aus der Tradition des ostkirchlichen Mönchtums. Der Novizenmeister versammelt die jungen Männer zu einem langen Schweigen. Schließlich fragt er jeden Einzelnen: Welches Bild kommt dir am häufigsten? Die Novizen sind gewohnt, aufrichtig und zugleich mit Würde zu antworten. Einer sagt: „Ich habe immer wieder den Tisch vor mir, an dem mein Vater, der ja Händler ist, seine Geschäfte macht." Darauf der Meister: „Gut, dann ist es jetzt deine Aufgabe, auf den Marktplatz zurückzukehren; verkaufe erst einmal Nüsse, statt den Mönch zu spielen, sonst würdest du nur fromme Bilder verkaufen." Ein anderer sagt: „Ich träume von einer Familie, einer Lebensgefährtin ..." Ihm sagt der Meister: „Deine Aufgabe ist es, frohgemut zurückzukehren, eine Familie zu gründen und Kindern das Leben zu schenken. Das ist es, was Gott von dir möchte!" Wieder ein anderer antwortet: „Ich wünsche mir ein Leben im Schweigen; ich möchte zu dem Licht gelangen, das aufscheint, wenn unser Geist selbstvergessen in jenem Ozean von Frieden und Licht dahintreibt, der Gott ist [ein typisches Bild der Ostkirche für die Gemeinschaft mit Gott]." Da erwidert der Meister: „Du bist dafür gemacht, Mönch zu werden."

„Was sucht ihr?" – Die Antwort auf diese so knappe, in zwei, drei Wörtern verdichtete Frage Jesu beansprucht in aller Regel viele Jahre unseres Lebens.

Eine weise Vorschrift des heiligen Benedikt besagt, dass man jemanden, der an der Pforte des Klosters anklopft, erst einmal ungehört dort stehen lassen soll, bevor man ihn dann fragt, ob er wirklich Gott suche.

Gott sehnt sich danach, dass wir uns nach ihm sehnen. So heißt es in einer der schönsten Formulierungen im Katechismus der katholischen Kirche: *„Deus sitit sitiri* – Gott dürstet danach, dass wir nach ihm dürsten" (Nr. 2560; nach Augustinus).

Martin Buber hat folgende chassidische Erzählung überliefert: „In Ropschitz, Rabbi Naftalis Stadt, pflegten die Reichen, deren Häuser einsam oder am Ende des Ortes lagen, Leute zu dingen, die nachts über ihren Besitz wachen sollten. Als Rabbi Naftali sich eines Abends spät am Rande des Waldes erging, der die Stadt säumte, begegnete er solch einem auf und nieder wandelnden Wächter. ‚Für wen gehst du?', fragte er ihn. Der gab Bescheid, fügte aber die Gegenfrage daran: ‚Und für wen geht Ihr, Rabbi?' Das Wort traf den Zaddik wie ein Pfeil. ‚Noch gehe ich für niemand', brachte er mühsam hervor, dann schritt er lange schweigend neben dem Mann auf und nieder. ‚Willst du mein Diener werden?', fragte er endlich. ‚Das will ich gern', antwortete jener, ‚aber was habe ich zu tun?' ‚Mich zu erinnern', sagte Rabbi Naftali."[2]

Der Wächter stellt dem Rabbi die entscheidende Frage: „Für wen gehst du?" Wer oder was bewegt dich? Vielleicht sollten auch wir bei dieser Frage erst einmal im Schweigen verharren. Allzu schnell könnte jemand sagen: Ich lebe für Gott und für das Evangelium. Aber ist dem wirklich so?

---

2   Martin Buber, Die Erählungen der Chassidim, Zürich 2003, 671.

Die Frage lieben: die Frage, wer der Herr und Meister meines Lebens ist. Wer entscheidet darüber, was wir tun und was nicht? Es ist wichtig, dass wir oft daran erinnert werden: Du aber, für wen oder was mühst du dich, für wen oder was lebst du? Welche Logik bestimmt dein Handeln?

Ich muss mir diese Fragen als Erster stellen: Für wen tue ich das hier und jetzt? Warum bin ich hier? Aus Eitelkeit? Weil es eine prestigeträchtige Sache ist, diese Exerzitien zu halten? Oder um zu bezeugen, aus welchen Stellen des Evangeliums ich Freude und Kraft schöpfe?

Jeder kann sich fragen: Warum nehme ich an diesen Exerzitien teil? Weil ich mich nicht entziehen konnte? Aus Pflichtgefühl? Um keine schlechte Figur zu machen (eventuell vor dem Heiligen Vater)? Oder, mit dem heiligen Benedikt gesprochen, weil ich wirklich Gott suche (*revera Deum quaero*)? Jenen Gott, der wie die Luft zum Atmen, wie Sauerstoff ist; jenen Gott, „dessen Name Freude, Freiheit und Fülle ist" (Marina Marcolini) und der mich aufblühen lässt?! Ihn, der für mich das ist, was der Frühling für die Blumen ist (Giuseppe Centore)?!

Herr, wie die Flamme den Sauerstoff braucht,
so braucht unsere Seele dich.
Nur in dir ist sie in ihrem Element,
du bist unsere Sehnsucht, Anfang und letztes Ziel.

Alles beginnt mit der Rückkehr zum Herzen, zu einem *hörenden* Herzen. Mit der Rückkehr dorthin, wo nicht Rollen, Funktionen, Titel und Machtpositionen zählen;

dorthin, wo wir und unsere Sehnsucht lebendig sind, wo unsere Ideale uns Flügel verleihen. Nach Sören Kierkegaard liegt der Glaube in der grenzenlosen Leidenschaft für das, was ist. Es geht um die Leidenschaft für das Leben und seinen Schöpfer. Auch Glaube, Hoffnung und Liebe sind keine bloßen Gedanken, sondern reale Leidenschaften und leidenschaftliche Realitäten – oder sie sind nichts.

Von Geburt an sind wir Wesen voller Leidenschaft. Unser Leben entwickelt sich nicht durch Anordnungen oder Verbote weiter, sondern in dem Maße, wie wir Leidenschaft empfinden. Nicht durch Willensaufschwünge, sondern weil uns etwas fasziniert. Nicht durch auferlegte Pflichten, sondern weil wir von etwas in Bann gezogen sind.

Leidenschaft aber ist Frucht von Schönheit, zumindest einer Ahnung von Schönheit. Die Leidenschaft für Gott ist Frucht der Entdeckung, wie schön und faszinierend dieser Jesus ist. Gott zieht mich nicht an, weil er allmächtig ist, er zieht mich nicht in Bann, weil er ewig und vollkommen ist. Man mag ihn dafür bewundern, ihm deswegen womöglich sogar Gehorsam leisten, aber lieben wird man ihn deshalb nicht.

Gott zieht mich in Bann durch das Antlitz und die Geschichte Jesu von Nazaret. Er ist der Christus. An ihm und seinem Leben lässt sich ablesen, was ein gutes Leben ist, ein wahrhaft schönes und glückliches Leben; er ist – wie kein anderer – ein freier Mensch; er ist – wie es niemals irgendjemand gewesen ist – einer, der liebt. Dieser Jesus gibt uns die Zuversicht, dass es möglich ist, anders und bessser zu leben – und zwar für jeden Menschen. In seiner frohen Botschaft steckt der Schlüssel, verbirgt sich das Geheimnis.

Blaise Pascal schrieb, er sei es leid, „Gott" zu sagen; er wollte ihn spüren. Ja, wir suchen einen Gott, der im Herzen vernehmbar ist, einen, der das Herz froh macht, „dessen Name Freude, Freiheit und Fülle ist".

Gott ist schön. Unsere Aufgabe ist es, einen schönen, begehrenswerten, wahrhaft interessanten Gott zu verkünden. Einen Gott, der das Leben stärkt. Einen, der uns wie Petrus auf dem Berg Tabor ausrufen lässt: *Herr, es ist schön* [so heißt es wörtlich!], *dass wir hier sind, hier mit dir! Lasst uns drei Hütten bauen ...* (vgl. Matthäus 17,4).

Oftmals haben wir ein überaus dürftiges, reduziertes Antlitz Gottes gezeichnet, ein erbärmliches Zerrbild: als ob er einer wäre, der in der Vergangenheit und in den Sünden der Menschen herumwühlt! Vielleicht haben wir noch einen Gott aus ihm gemacht, der verehrt und angebetet wird, ihn aber nicht gezeigt als einen, der sich involvieren und berühren lässt und seinerseits anzieht und berührt. Einen Gott, der mit seinen Kindern in der Sonne und in den Wogen des Meeres spielt und lacht, einen nahen Gott, der in unserem Leben mit von der Partie ist. Wer wäre nicht auf der Suche nach einem solchen Gott?

Doch manchmal scheint es, als könne Gott in unseren Kirchen an Langeweile sterben. David Maria Turoldo schrieb drastisch, dass Christus „durch unsere erbärmlichen Predigten" getötet werde. Geben wir ihm sein strahlendes Antlitz zurück! Gott ist jemand, der „gekostet" werden kann, über den wir uns freuen können; faszinierend und begehrenswert ist er ...

„Was sucht ihr?" Für wen oder was lebt ihr? Ich lebe für einen, der das Herz glücklich macht.

Eine Klarstellung

Ich bin nicht gekommen, Sie zu bekehren, mein Herr;
im Übrigen sind mir alle alten Predigten entfallen.
Schon lange bin ich ohne jeden Glanz,
wie ein Held in Zeitlupe.
Ich werde Sie nicht langweilen mit Fragen,
wie Sie zum Beispiel zu Merton stehen,
Sie nicht anöden, indem ich auf etwas herumhacke
wie ein Truthahn mit dem roten Punkt auf der Nase.
Ich mache mich nicht schön wie eine Ente im Oktober,
und Tränen zum Eingeständnis aller Schuld
werde ich auch nicht vergießen.
Ich werde Ihnen nicht mit dem Kaffeelöffel
Theologie ins Ohr träufeln.
Ich werde mich einfach neben Sie setzen
und Ihnen mein Geheimnis anvertrauen:
Dass ich, ein Priester, an Gott glaube
wie ein Kind.

(Jan Twardowski)

Warum habt ihr solche Angst?

(Markus 4,40)

Herr, die Menschen rufen einander
und haben sich doch nichts zu sagen,
sie suchen einander und bleiben einsam,
alle Stimmen sind Stimmen von draußen.
Du aber sprichst in der Seele.
Komm, sprich noch einmal,
rede weiter zu uns, du starker Gott,
stark, weil du zum Herzen sprichst.
Schenke uns, Herr, ein hörendes Herz.

Die vom (neuen) Weg

Es ist faszinierend, wie feinfühlig Jesus unsere Freiheit achtet. Er möchte, dass wir von uns aus die Antwort finden, ohne sich aufzudrängen oder uns zu erdrücken. Auch deshalb stellt er immer wieder Fragen. Fragen haben große Vorteile, sie sind ein echtes Geschenk. Zum einen, weil sie uns tagtäglich im Kampf gegen die Gewohnheit begleiten, gegen bequeme Rechtfertigungen, gegen die klammheimliche Tendenz, auf andere zu verweisen, statt uns selber infrage zu stellen. Zum anderen, weil die Fragen uns die Sicherheit geben, dass wir als Gläubige, als Kirche Teil eines offenen Systems sind – und nicht in etwas Geschlossenem, Festgefahrenem, klar Definiertem gefangen sind. Es gibt Freiheitsräume und die Möglichkeit neuer Entdeckungen. Eine geistliche Leitfigur des 20. Jahrhunderts, Pater Giovanni Vannucci, riet immer wieder, wir sollten nicht nur Gedanken denken, die andere auch schon gedacht haben.

Wir sind berufen, in der Wahrheit zu leben, wörtlich: zu *wandeln* (2 Johannes 4). Wir sind „die vom Weg" (nach der Apostelgeschichte ist das die erste Bezeichnung für die Christen, vgl. 9,2); wir sind Teil eines sich entwickelnden Projektes, eines Wachstums- und Reifungsprozesses; das Wort des Evangeliums will Frucht tragen und wachsen (vgl. Kolosser 1,6).

„Du bist ein freier Mensch, also sei bereit, dich auf den Weg zu machen", schreibt Henry David Thoreau. Ja, glücklich der Mensch, in dessen Herzen Wege sind (vgl. Psalm 84,6)!

Wenn Paulus die Christen Menschen nennt, die „die Wahrheit in Liebe tun" (*aletheuontes en agape*, Epheser 4,15), dann steht dahinter die Vorstellung eines Unterwegsseins und Wachsens.

Wichtig ist auch die Feststellung, dass *wir* diejenigen sind oder sein sollen, die die Wahrheit in Liebe tun. Nicht

ich. Die Wahrheit ist symphonisch (Hans Urs von Baltha-
sar), etwas Gemeinschaftliches – und sie hat etwas Pro-
zesshaftes, wenn man so will: etwas „Synodales" im ur-
sprünglichen Sinne (*syn-odos*, das heißt gemeinsamer
Weg); sie tut sich uns mehr und mehr auf im gemeinsamen
Unterwegssein.

Die Einsicht bzw. Erfahrung, einem offenen System an-
zugehören, das sich entwickelt und unseren Beitrag erwartet, ist das große Geschenk der Propheten aller Zeiten. Als
Gläubige sind wir nicht Vollstrecker von Befehlen, sondern Menschen, die voller Erfindungsgeist Wege bahnen.
Nicht Arbeiter, welche die Anweisungen eines Herrn befolgen, sondern Künstler unter der Inspiration des Heiligen Geistes (Jacques Maritain). Im Licht der Sonne sollen
wir nach neuen Wegen suchen, die uns zueinander und
gemeinsam zu Gott führen.

WENN ES UNTERWEGS STÜRMISCH WIRD

Unterwegs kann es stürmisch werden. Im Markusevangelium findet sich dazu eine bezeichnende Geschichte: „Am Abend dieses Tages sagte er [= Jesus] zu ihnen: ‚Wir wollen ans andere Ufer hinüberfahren.' Sie
schickten die Leute fort und fuhren mit ihm in dem Boot,
in dem er saß, weg; einige andere Boote begleiteten ihn.
Plötzlich erhob sich ein heftiger Wirbelsturm, und die
Wellen schlugen in das Boot, sodass es sich mit Wasser zu
füllen begann. Er aber lag hinten im Boot auf einem Kissen
und schlief. Sie weckten ihn und riefen: ‚Meister, kümmert

es dich nicht, dass wir zugrunde gehen?' Da stand er auf, drohte dem Wind und sagte zu dem See: ‚Schweig, sei still!' Und der Wind legte sich und es trat völlige Stille ein. Er sagte zu ihnen: ‚Warum habt ihr solche Angst? Habt ihr noch keinen Glauben?' Da ergriff sie große Furcht und sie sagten zueinander: ‚Was ist das für ein Mensch, dass ihm sogar der Wind und der See gehorchen?'" (Markus 4,35–41).

„Warum habt ihr solche Angst? Habt ihr noch keinen Glauben?" – Angst und Glauben, diese beiden Widersacher, kämpfen allezeit um das Herz des Menschen.

Unentwegt spricht Gott uns Mut zu, von den ersten Seiten der Bibel bis zum Schluss sagt er uns: *Keine Angst! Fürchtet euch nicht!*

Es wird uns von Gott gesagt, von Jesus, durch den Mund der Propheten, von Frauen und Engeln, von Königen und bettelarmen Leuten. 365 Mal, heißt es, finde sich diese Ermutigung in der Bibel, das wäre eine für jeden Tag des Jahres, wie ein göttliches „Guten Morgen!"; sobald wir aufwachen, bei jedem Tagesanbruch, sagt er uns: „Habt keine Angst!"

Gründe, uns zu ängstigen, gibt es allerdings zuhauf. Wie viele Gesichter hat die Angst: Es gibt die Ängste der Kinder, die Angst der Kranken, die Angst der Armen, die Angst der Bedrängten, die Angst der Angegriffenen, die Angst der Sterbenden, die Angst der Verfolgten ... Für die Angst gibt es tausend Gründe.

Fragen wir nach dem ersten Grund, kommt der Garten Eden in den Sinn, die biblische Erzählung von der Schöp-

fung: „Als sie Gott, den Herrn, im Garten gegen den Tagwind einherschreiten hörten, versteckten sich Adam und
seine Frau vor Gott, dem Herrn, unter den Bäumen des
Gartens. Gott, der Herr, rief Adam zu und sprach: ‚Wo
bist du?' Er antwortete: ‚Ich habe dich im Garten kommen
hören; da geriet ich in Furcht, weil ich nackt bin, und versteckte mich'" (Genesis 3,8–10). Die Furcht, die Angst hat
die Weltbühne betreten, und sie hat sie nicht wieder verlassen. Sie kommt nicht, wie Adam vorgibt, als Tochter der
Nacktheit, sondern sie hat eine andere Mutter: Der
Mensch verbirgt sich, weil *Gott* ihm Angst macht.

Der Mensch denkt sich Gott in der Logik von Sünde
und Schuld einerseits und Strafe andererseits. Die Barmherzigkeit zieht er nicht einmal als Möglichkeit in Betracht. Er hat Angst, ist nicht mehr dialogfähig, reagiert
aggressiv und gereizt, weil er meint, sich verteidigen zu
müssen. Die Angst vor Gott ist *die* Angst unter allen
Ängsten. Sie ist die schlimmste, aus der die anderen hervorgehen, und ihrerseits ist sie die Tochter mangelnden
Vertrauens.

In der biblischen Erzählung vom Sündenfall geht es
nicht um irgendeine Missachtung eines Verbotes, sondern
um die Verkehrung des göttlichen Antlitzes, zu der die
„Schlange" den Menschen verleitet: Gewiss, tausend Bäume hat er euch gegeben, aber den besten hat er euch vorenthalten; er fürchtet euch, er ist neidisch, das Wichtigste hat
er euch verwehrt, traut ihm bloß nicht! – Adam und Eva
glauben an dieses Bild von Gott, das alles auf den Kopf
stellt: Es ist ein Gott, der dem Menschen etwas wegnimmt,

und nicht einer, der ihn überreich beschenkt; ein Gott, der den Menschen der Freiheit beraubt, nicht einer, der sie ihm ermöglicht; ein Gott, dem sein Gesetz wichtiger ist als die Freude seiner Kinder; ein gestrenger Richtergott, *vor* dem man flüchtet, nicht einer, *zu* dem man sich flüchtet. Kurz, ein Gott, dem man nicht vertrauen kann. Welche Verkehrung!

Pater Turoldo schreibt: „Das falsche Bild von Gott zu haben, ist das Schlimmste, was uns passieren kann. Denn dann denken wir über alles verkehrt, über die Geschichte, über den Menschen, über uns selbst, über Gut und Böse, über das Leben ...“

Die erste Sünde ist eine Sünde gegen den Glauben, gegen das tiefe Vertrauen auf Gott. Ein verkehrtes Bild von Gott gebiert die Angst aller Ängste; Adams Vorstellung eines furchterregenden Antlitzes Gottes führt zu einem verängstigten Herzen. Jesus ist gekommen, uns von beidem zu befreien, von falschen Gottesbildern wie der darin wurzelnden Angst.

„Eines Tages hat Gott, der immer Kreative, der uns mit seinen Ideen überrascht, die Sache auf den Kopf gestellt: Der Mann und die Frau haben Gott nicht getraut? Nun gut, Gott wird *ihnen* vertrauen, und zwar dergestalt, dass er die Menschwerdung ersinnt. Er wird ihnen so sehr vertrauen, dass er sich in ihre Hand begibt, sich ihnen ausliefert, unbewaffnet, schutzlos, verletzlich, bedürftig, ohnmächtig und aller Dinge bedürftig, ein kleines Kind, das weint. Er vertraut den Menschen. Und das junge Mädchen sagt Ja und lernt, Mutter zu sein“ (Marina Marcolini). Und

Josef, der Verliebte und durch Zweifel Verwundete, vertraut und stellt sich – mit seinen Handwerkerhänden und mit seinen Träumen – in den Dienst der beiden.

Der Faden, der den Riss in der Geschichte der Liebe zwischen Gott und den Menschen flicken kann, heißt Vertrauen. Das Gegenteil von Angst ist nicht Mut, sondern der Glaube: Warum habt ihr Angst? Habt ihr denn noch keinen Glauben? Angst und Glaube, die beiden Widersacher, verhalten sich umgekehrt proportional.

Als es Abend geworden war, sagte Jesus zu seinen Jüngern: „Wir wollen ans andere Ufer hinüberfahren." Im Hafen sind die kleinen Boote sicher, aber dafür wurden sie nicht gebaut ... Fürs offene Wasser sind sie bestimmt, Wind und Wolken sollen sie trotzen, nicht im Hafen vor Anker liegen bleiben.

Das kleine Boot, Aufbruch, das offene Meer – dafür steht das Evangelium, nicht für das unbewegliche Verharren im sicheren Hafen.

Unseren Platz finden wir auch nicht im Streben nach Erfolgen und Triumphen. Unser Platz ist eben dieses kleine Boot auf dem Wasser, das früher oder später hohen Wellen und Gegenwind ausgesetzt sein wird. Auch das gehört zu unserem Leben. Und eine gute Vorbereitung kann sich nie im Erlernen der Regeln erschöpfen; wesentlich ist auch und zunächst das Wecken der Leidenschaft: der Leidenschaft für das offene Meer, die Sehnsucht nach neuen Ufern ...

Jesus schläft während der Überfahrt ein. Er ist müde, er hat anstrengende Begegnungen hinter sich, die ihn viel Kraft gekostet haben. Seine Mutter und seine Brüder waren gekommen; sie hätten ihn gern wieder mit nach Hause genommen, zurück in den sicheren Hafen der Familie. Jesus aber hat ein weiteres Mal die Distanz gewahrt: „Wer ist meine Mutter und wer sind meine Brüder?" (Markus 3,33). Es sind die, die mit mir ans andere Ufer aufbrechen!

Loslösung, anstrengende Bindungen und Beziehungen, Müdigkeit des Herzens ... Jesus schläft vor Erschöpfung ein. Die Jünger kommen sich alleingelassen vor, dem Wind und den Wellen ausgeliefert. Der Sturm, ein Symbol für diese Welt, in der das Recht des Stärkeren gilt, in der man sich ohnmächtig fühlt angesichts der über einen hereinbrechenden Gewalt, angesichts der Grausamkeit, die einem begegnet. Und Gott scheint zu schlafen.

Wie sehr wünschten wir uns, er würde sofort eingreifen, gleich bei den ersten Anzeichen eines Unwetters, sobald es mühsam wird, sobald Ängste in uns aufsteigen, sobald uns ein Schmerz trifft. Und Gott scheint zu schlafen.

Aber er greift doch ein. Er *ist* da: Er ist die Kraftquelle der Ruderer; er wirkt in der Entschlossenheit des Steuermanns; im Mut des Teams, in den nach Osten gerichteten Augen aller, die sehen wollen, ob die Nacht nicht bald vorüber ist. Und das Boot, Symbol für mich und mein zerbrechliches Leben wie für die große Gemeinschaft und ihre Probleme, hält derweil stand und kommt voran. Nicht, weil der Wind sich legt, nicht, weil es keine Probleme mehr gibt, sondern durch das leise Wunder der weiter rudernden Ruderer, die sich gegenseitig stützen und Mut machen. Gott handelt nicht als unser Ersatzmann, er holt uns nicht aus den Stürmen heraus, sondern stützt und hält uns in den Stürmen. Gott bewahrt nicht *vor* allem Leid, aber er bewahrt und trägt uns *in* allem Leid, wie Dietrich Bonhoeffer sagte. Ein einfacher Wechsel der Präposition – und alles erscheint in einem anderen Licht. Nein, Gott bringt nicht die Lösung all unserer Probleme, er bringt sich selbst, und indem er sich selber schenkt, gibt er uns alles (Katharina von Siena).

Vielleicht haben wir gemeint, dass das Evangelium die Lösung aller Probleme der Welt wäre oder dass Jesus zumindest die Gewalt und die Krisen der Geschichte eingedämmt hätte. Aber so ist es nicht gekommen. Vielmehr hat es wieder Ablehnung, Verfolgungen, neue Kreuze, tödliche Anschläge gegeben – auch in unserer Zeit. Es war uns angekündigt worden: Man wird euch verfolgen, vor die Gerichte bringen, gefangen nehmen, ja einige werden getötet werden ... Oft haben wir gebetet, und der Friede ist *nicht* gekommen. Der Friede, dieses zerbrechliche Wunder, tausendfach gebrochen. Und dennoch ist uns nicht gestattet, müde zu werden im Einsatz für den Frieden: Wir dürfen nicht aufhören, davon zu träumen und für diesen Traum zu leben.

Die Jünger sind weder schuld an dem plötzlichen Sturm, noch kann man ihnen ihre Angst vorwerfen. Auch wir brauchen uns keine Vorwürfe wegen unserer Ängste zu machen; wenn Schwäche Schuld wäre, dann würde Gleiches auch für das Bittgebet gelten.

Ich weiß nicht, *warum* im Leben Stürme und Unwetter aufziehen. Die Evangelisten wissen es auch nicht. Markus, Lukas und Matthäus erzählen dieselbe Geschichte – und keiner nennt einen Grund.

Ich wünschte mir (wie wohl jeder Mensch), dass es keine Stürme gäbe, dass wir schnell und problemlos das andere Ufer erreichen könnten. Und wäre doch der Weg der Kirche klar vorgezeichnet! Aber er ist es nicht; wir fühlen uns, als trieben wir auf einer Nussschale. Und Gott scheint zu schlafen, gleichgültig, stumm.

Mein Blick geht zu den Aposteln. Sie sind Fischer, die wissen, was bei einem Sturm zu tun ist. Und eine Stimme in meinem Herzen sagt: „Tu alles, was von dir abhängt, mit größtem Einsatz. Dann lerne zu vertrauen; denn alles hängt von mir ab."

Alles. Wie Paulus schreibt: „Wir wissen, dass Gott bei denen, die ihn lieben, *alles* zum Guten führt" (Römer 8,28). Alles wird durch ihn zum Guten geführt, auch der See, auch die Stürme, auch die Zweifel, sogar die Sünde: *„Felix culpa* – glückliche Schuld" lautet eine der allerschönsten Formulierungen, die das Christentum geprägt hat.[3]

Dies ist die letzte, die definitive und allumfassende Hoffnungsperspektive. Juliana von Norwich, die mittelalterliche Mystikerin, brachte es auf die einfache Formel:

---

3 Die Sprachwissenschaftler sprechen von einem Oxymoron, einer bewussten in sich widersprüchlichen Verbindung zum Beispiel von Wörtern. Durch dieses Stilmittel wird ein paradoxer, außergewöhnlicher Sachverhalt auf geradezu dramatische Weise verdeutlicht.

„Alles wird gut werden." Gott kann auch aus dem Bösen
Gutes hervorziehen, auch aus Sünde und Tod, aus dem
Kreuz und dem Grab. Immer neue umstürzende Verwand-
lungen ziehen sich durch die Bibel und die Geschichte; ja
das ganze Universum ist von solchen Phänomenen geprägt, vordergründige Widrigkeiten haben sich immer
wieder als Chancen erwiesen.

Die Apostel schreien in ihrer Angst zu Jesus: Sind wir dir
etwa egal?! Interessiert es dich nicht, wenn es für deine
Freunde um Leben und Tod geht?! – Eine harte Klage, eine Mischung aus panischer Angst und tiefer Enttäuschung: Es ist ja gar nicht wahr, was du da alles gesagt hast,
offenbar bedeuten wir dir doch nichts!

Jesus antwortet. Wortlos, aber mit der ganzen Kraft zei-
chenhafter Gesten: Und wie du mir wichtig bist, du und
dein Leben! Jeder von euch ist mir wichtig! Selbst die Spat-
zen am Himmel sind mir und meinem Vater wichtig, und
ihr seid doch mehr wert als sie; mir bedeuten die Lilien auf
dem Feld etwas, und ihr seid weit kostbarer als alle Blumen
zusammen. Du bist mir unendlich wichtig; selbst die Haare
auf deinem Haupt sind gezählt, und jede Sorge, alle Ängste
deines Herzens sind mir vertraut (vgl. Matthäus 10,29–31).

Unserem Gott ist jeder Mensch in alle Ewigkeit wichtiger als er sich selbst. Eine jede, ein jeder. Auch ich. Ich
kann ihm dafür nur dankbar sein; das ist mein Halt, darauf baue ich: auf den Herrn, der mir immer wieder sagt,
dass ich ihm wichtig bin. Ich halte mich daran fest wie ein
Kind, das sich in den Armen der Mutter so geborgen weiß,

dass um es herum sein kann, was will: Es kann ruhig schlafen, die Mutter ist da. Gott ist da, bei ihm sind wir geborgen. Auch in der dichtesten Finsternis, in allen Stürmen. Gott bewahrt uns nicht vor den Stürmen, aber in ihnen.

Sicher wäre es mir lieber, er würde dem Unwetter sofort gebieten: „Schweig!", den Wogen: „Beruhigt euch!" Würde er doch den Ängsten in meinem Herzen befehlen: „Frieden!" Ich würde mir ein Leben ohne Probleme und Kämpfe wünschen, einen Himmel ohne Wolken und klare, leuchtende Signale, die mich den Weg überblicken lassen, den das Boot meines Lebens zu nehmen hat. Immerhin: Das Licht reicht, um aufzubrechen, die Kraft genügt für den ersten Ruderschlag.

Jesus lehrt uns, wie wir die Angst je neu besiegen können: durch den Glauben. Wohlgemerkt: nicht durch die Religion, sondern durch den Glauben. „Um Religion handelt es sich, wenn du dir Gott nach deinem Maß zurechtmachst; Glaube hingegen bedeutet, dass du selber an Gott Maß nimmst" (David Maria Turoldo).

GLAUBE

Der Glaube zeigt sich in einem Dreischritt: Ich bin bedürftig – ich vertraue – ich vertraue mich ganz und gar an. Der Glaube weiß, dass Gott in stürmischen Zeiten nicht anderswo ist, sondern mittendrin. Gott ist da, bei dir, der du weinst und Angst hast. Er ist da, bei dir, vielleicht anders, als du es gerne hättest, aber er ist da, so wie er will, auf seine Art. Er handelt nicht an deiner Stelle, sondern zusammen mit dir. Er holt dich womöglich nicht aus den Stürmen heraus, aber er will dir in den Stürmen die nötige Kraft geben, damit du nicht den Mut verlierst, sondern durchhältst, das Ruder in die Hand nimmst und den Eimer, um das Wasser aus dem Boot zu schöpfen.

„Sie verharrten einmütig im Gebet" (Apostelgeschichte 1,14): So beschreibt Lukas die Apostel nach der Himmelfahrt. Sie hielten aus. Dieses Durchtragen und Durchhalten ist eine stille Tugend, so ganz ohne Showeffekte, nichts fürs Rampenlicht, wohl aber der Kitt jeder Gemeinschaft. Die erste Christengemeinde in Jerusalem wird gleich am Anfang so charakterisiert: „Sie *hielten* an der Lehre der Apostel *fest* und an der Gemeinschaft, am Brechen des Brotes und an den Gebeten" (Apostelgeschichte 2,42). Festhalten, Durchhalten steht in großen Buchstaben auf dem Schild am Anfang des Weges. Wie gesagt: Das ist nichts Spektakuläres, nichts Beifallheischendes, und doch ist es jene Tugend, die das Schiff, das sich Gemeinde nennt, voranbringt.

Nicht aufgeben, die Hände am Ruder, den Blick Richtung Ufer und tun, was dran ist ... Es ist nackter Glaube, Vertrauen, dass Gott mit drinnen ist im Boot, auch wenn er zu schlafen scheint und schweigt. Vertrauen: Wenn er spricht, so ist es aus Liebe. Wenn er schweigt, ist es wiederum aus Liebe.

In der Parallelerzählung im Lukasevangelium fragt Jesus die Jünger: „Wo ist euer Glaube?". Die Jünger staunen, als sich der Wind unversehens legt und sich die Wogen glätten. Aber Jesus interessiert etwas anderes: Wo ist euer

Glaube? Worauf ist er gegründet? Etwa auf Machterwei-
sen, auf Zeichen der Allmacht eines Gottes, der zeigt, dass
er die Naturgesetze beherrscht? Gründet euer Glaube sich
auf einen allmächtigen oder auf einen „all-liebenden"
Gott? Zu einfach ist es, angesichts eines Wunders, dem einer sein Leben verdankt, zu glauben ... „Nein, am Ostertag
glauben, das ist kein richtiger Glaube: Zu schön bist du an
Ostern! Wahrer Glaube glaubt am Karfreitag" (David Maria Turoldo).

Das in der Liturgie so oft gebrauchte, ja geradezu einge-
hämmerte Wort „allmächtig" findet sich in den Evangeli-
en, im Mund Jesu kein einziges Mal als Attribut für Gott.
Jesus selbst ist nicht die Erzählung der Allmacht, sondern
der Zärtlichkeit Gottes: einer kämpferischen Zärtlichkeit.
Gott ist Liebe, er kann nicht alles; er kann nur, was die
Liebe kann. Seine Macht ist nicht die eines Chirurgen, der
bei einer Operation das Übel beseitigt, nicht die eines
Heeres, das die Feinde vernichtet, nicht die eines Vulkans,
der das Gesicht einer Insel völlig verändert. Gottes Macht
ist die eines kleinen Samenkorns, die eines Liebenden, die
einer Mutter an der Seite ihres kranken Kindes, einer
Mutter, die es nicht heilen kann, aber da ist, nicht von seiner Seite weicht, deren Herz mit dem seinen schlägt, die
ihm Kraft und Halt gibt, eine absolut verlässliche Präsenz.

Gott ist nicht ein „Allmächtiger, der liebt", ein König
mit absoluter Macht, der sich gnädig dazu herablässt zu
lieben; er ist allmächtige *Liebe*, einer, der seine Geschöpfe
bis zum Äußersten zu lieben vermag, grenzenlos, bedin-
gungslos, wie niemand sonst (vgl. Johannes 15,13).

Gott liebt als Erster, er liebt und zahlt selbst den Preis, er liebt ohne Vor- und Gegenleistung. Er ist kein Allmächtiger in der Art machtpolitischer oder mythologischer Allmachtsfantasien. Er vernichtet eben nicht kurzerhand seine Feinde und Gegner (das Dunkle besteht ja fort, und das Böse existiert weiterhin neben dem Guten in der Welt). Er ist vielmehr ein all-liebender Gott, der wie gesagt nur das vermag, was die Liebe vermag. All-liebend, das heißt: schön. Denn der *Nomos* der Schönheit, das, was sie bestimmt und leitet, ist die Liebe. Schön ist jede Geste der Liebe, und nichts ist schöner als der, der dich bis zum Äußersten liebt.

Keine Angst!

Cesare Sommariva, ein Mailänder Arbeiterpriester, hat uns in seinem Testament diese einfachen Regeln hinterlassen: „Als Resümee können wir folgende Grundregeln einer menschlichen Erziehung festhalten: Keine Angst haben – keine Angst machen – von der Angst befreien. Was zählt, ist eine neue Beziehung, in der es nichts gibt, was mit Angst zu tun hat." *Keine Angst haben – keine Angst machen – von der Angst befreien,* das ist eine kirchliche Sendung, eine Pädagogik, die wir uns zu eigen machen sollten. Es ist ein Auftrag für die Kirche als Ganze.

Keine Angst haben. Oft haben wir mehrere Gesichter, wie ein Pubertierender, der sich da, wo er seine feste Rolle zu spielen hat, auf eine bestimmte Weise verhält – und seinen Freunden gegenüber ganz anders. Wir zeigen in der Fami-

43

lie, den Verwandten gegenüber ein bestimmtes Gesicht, ein anderes gegenüber den Mitarbeiterinnen und Mitarbeitern, und den Vorgesetzten gegenüber wieder ein anderes: Masken! Masken, die uns selber sagen, dass wir nicht frei sind. Wir sind nicht frei, weil wir Angst haben. Vor allem Angst vor den Urteilen anderer. Unser Leben hat etwas Reflexhaftes, es spiegelt wider, was andere über uns denken. Es ist ein wenig so wie in den sozialen Medien, etwa bei Facebook oder Twitter: Viele Nutzer sind auf der Jagd nach möglichst vielen *Followern* oder *Clicks* oder *Likes*, was tendenziell dazu führt, dass sie gewissermaßen außerhalb von sich selber leben.

Wir haben viele Gesichter und haben Angst; wir sind keine wirklich gelösten, verwirklichten Menschen. Um authentisch zu sein, würde es genügen, nur ein Gesicht zu haben und ohne solche Ängste zu leben.

In einem Bild gesagt: Wir gehen durchs Leben mit zwei kleinen Hunden an der Leine. Der eine ist die Angst, der andere der Glaube. Der Hund, den wir gut füttern, wird größer und kräftiger und zieht uns mehr und mehr auf seine Seite. Der andere bleibt klein. – Wenn wir die Angst nähren, wenn wir ihr Gehör und Glauben schenken, wenn unsere ganze Aufmerksamkeit ihr gilt, wird sie immer größer werden. Wenn wir hingegen den Glauben und die Hoffnung hegen und pflegen, werden diese wachsen.

Keine Angst machen. Lange Zeit hindurch hat die Kirche einen angstbesetzten Glauben vermittelt. Ihre Botschaft kreiste um den Themenkomplex Sünde und Strafe, nicht

um Themen wie Wachsen, Aufblühen, Lebensfülle. Nicht
selten haben Pfarrer die Kinder eingeschüchtert, und diese
suchten das Weite ...

Angst kam in Adam auf, weil er sich nicht einmal vorstellen konnte, dass es auch Barmherzigkeit geben könnte
und was sie bedeutet; er kannte auch nicht ihre Frucht: die
Freude. In der Bibel wird uns diese Freude vor Augen gestellt: die Freude des Himmels, die Freude des Hirten, die
Freude des guten Vaters, die Freude der Frau, die ihr verlo-
renes Geldstück wiedergefunden hat. Die Angst hingegen
produziert ein trauriges Christentum, verbunden mit dem
Bild eines freudlosen Gottes. Es gibt sogar Leute, denen es
Vergnügen bereitet, Furcht zu verbreiten und andere zu
verängstigen. Sie werden zu Anti-Schöpfern; sie betreiben
ein zerstörerisches Geschäft.

Von der Angst befreien. Das heißt, aktiv darauf hinwirken,
dass die Menschen aus dem Schwitzkasten der Angst herauskommen, dass die Last der Angst, die auf dem Herzen
so vieler liegt, leichter wird, dass die Angst vor dem anderen abnimmt, dass Feindseligkeit der Gastfreundschaft
weicht, dass sich *Xenophobie* in *Xenophilie*, dass sich Frem-
denfeindlichkeit und -angst in „Fremdenfreundlichkeit"
wandelt. Von der Angst vor Gott befreien, wie es die Engel
in der Heilsgeschichte immer wieder getan haben, jene
gottgesandten Boten, die uns versichern sollten, dass wir
nie verlassen sein würden.

Jesus will allen zu Hilfe kommen, die in ein Unwetter
geraten sind, die von Stürmen bedrängt werden und unter-

45

zugehen drohen. Ihn rufen wir an im Wissen, dass wir auch selbst gegen die Wellen ankämpfen sollen, und mit dem festen Vertrauen, dass er kommen wird und dem Wind und den Wogen gebieten kann. Er wird kommen – hinein in unseren schwachen Glauben, und er wird uns retten, wo und wie auch immer wir Schiffbruch erlitten haben. Das Körbchen aus Schilfrohr, Symbol unseres Herzens, wird das andere Ufer erreichen, wo die Schreie der Angst verstummen und sich der Mensch und sein Gott in die Arme schließen.

Hab keine Angst

Hab keine Angst, in dich hineinzuschauen,
du wirst entdecken:
es ist nur ein kleiner Schritt hin zur Liebe.

Hab keine Angst, mir in die Augen zu sehen;
einsammeln werde ich deine Unruhe
und das Unvollendete strahlend schön machen.

Hab keine Angst, ich werde deine Barmherzigkeit segnen,
wenn deine Arme sich für jemanden öffnen,
deine Güte, wenn du dich mitfühlend und zärtlich zeigst,
deinen Schmerz, wenn es dir weh tut, Brot zu sein,
von dem andere leben.

Hab keine Angst, auch für dich wird Friede sein,
denn zu Hause ist mein Herz nur neben deinem.

(Luigi Verdi)

Womit kann man das Salz wieder salzig machen?

(Matthäus 5,13)

Herr, sende deinen Tröster-Geist,
er enthülle uns die Wahrheit der Dinge,
er lehre uns unterscheiden das Flüchtige und das Ewige,
das Illusorische und das Bleibende.
Er führe unser Leben in die Kontemplation,
damit unser unruhiges Herz Frieden finde.
Herr, lass uns begreifen, dass dein Geist Leben ist;
er befreie uns aus kalten Lehren und trockenen Theorien,
denn seine Gaben sind nicht bloße Worte;
mit seiner Kraft mache er uns
zu lebendigen Steinen seines Hauses.
Dein Heiliger Geist singe in uns das neue Lied,
das Lied, das aus reinen Herzen erklingt,
das Lied des Menschen, der zurückgefunden hat
zu seinem wahren Antlitz
als göttliches Bild und Gleichnis.

„Ihr seid das Salz der Erde. Wenn das Salz seinen Geschmack verliert, womit kann man es wieder salzig machen? Es taugt zu nichts mehr; es wird weggeworfen und von den Leuten zertreten.

Ihr seid das Licht der Welt. Eine Stadt, die auf einem Berg liegt, kann nicht verborgen bleiben.

Man zündet auch nicht ein Licht an und stülpt ein Gefäß darüber, sondern man stellt es auf den Leuchter; dann leuchtet es allen im Haus" (Matthäus 5,13–15).

In der Antike war Salz so kostbar, dass es in vielfältiger Weise Eingang in die religiös-sakrale Welt fand, symbolisch wie materiell. So heißt es zum Beispiel im Buch Levitikus: „Jedes Speiseopfer sollst du salzen und deinem Speiseopfer sollst du das Salz des Bundes deines Gottes nicht fehlen lassen; jede deiner Opfergaben sollst du mit Salz darbringen" (Levitikus 2,13). Nicht nur bei Tisch war Salz wichtig; es spielte auch in der Polis, in der Stadt, im gesellschaftlichen Leben eine große Rolle. So gab es den rituellen Brauch, Salz auf das Pergament eines Bündnis- oder Friedensvertrags zu streuen, auf dass er lange halten möge. Das Salz, das man ja auch zur Konservierung von Speisen verwendete, symbolisierte den Wunsch, etwas Wertvolles, das lange Bestand haben sollte, zu erhalten ...

Das Evangelium dringt wie Salz in die Dinge ein, es erhält, was wertvoll ist, bewahrt es vor dem Verfall.

Salz macht aber nicht nur haltbar, es verleiht auch Geschmack. Darauf zielt Jesus in der zitierten Stelle ab. Salz hat einen intensiven Geschmack, es schmeckt nicht nach „fadem Schleim", würde Ijob sagen (vgl. 6,6), es ist aber auch kein Zucker oder Honig.

„Wenn das Salz seinen Geschmack verliert ...", das ist keine schöne Vorstellung; Jesu Wort stimmt nachdenklich. Es konfrontiert uns mit der Möglichkeit, das Evangelium zu verlieren und zu nichts mehr nütze zu sein. Genau das passiert zum Beispiel, wenn wir auf den kirchlichen Apparat setzen oder auf den schönen Schein, wenn wir uns an Überflüssiges oder Zweitrangiges hängen, an kulturelle Überbleibsel etwa – und darüber das Salz vergessen. „Tradition ist Bewahrung des Feuers und nicht Anbetung der Asche", lautet ein berühmter Aphorismus von Gustav Mahler.

> „Meine geliebte und treulose Kirche:
> meine Bitterkeit an jedem Sonntag."
> (David Maria Turoldo)

Jesus stellt ein zweites Bild neben das vom Salz: das Licht. Wie auch an anderen Stellen, so spricht er zwei verschiedene Sinne an, den Geschmackssinn und das Sehen.

Der Geschmack des Salzes dient nicht diesem selbst; niemand würde reines Salz essen. Indem es sich selber auflöst, hebt es den Geschmack der Speisen. Ähnlich leuchtet das Licht nicht sich selbst, sondern um anderes zu erhellen: Dinge, Gesichter ... Und auf den Leuchter wird das Licht nicht deshalb gestellt, damit man es besser sieht, sondern damit die Hausbewohner besser sehen können. Das ist die Demut des Salzes, die Demut des Lichts: dass sie die Aufmerksamkeit nicht auf sich selbst lenken, nicht sich in den Mittelpunkt stellen, sondern das herausstellen, worauf sie treffen.

So soll die Kirche sein. Nicht um sie selbst soll es den Jüngerinnen und Jüngern Jesu gehen, sondern um die Nahrung und um das gemeinsame Haus, auf das, wovon wir Menschen leben; unentwegt sollen sie die Menschen begleiten, ihren Hunger nach Brot und Sinn wahrnehmen und für sie da sein.

Es ist eine Bewegung nach unten, ein Sich-Verströmen – wie das Licht, das auf die Dinge fällt; ein Sich-Auflösen – wie das Salz sich in der Speise auflöst. Wir sollen Sauerteig in der Masse sein. Es ist eine inkarnatorische Bewegung ...

Betrachten wir das Licht: Es tut den Dingen, auf die es fällt, keine Gewalt an, sondern lässt sie mit seiner zarten Berührung in ihren Farben und all ihrer Schönheit erstrahlen. So sollte unser Blick auf die Menschen sein: so lichtvoll, dass all das Schöne, was in ihnen steckt, zum Vorschein kommt, die Schönheit des Herzens, der Beziehungen, ihre Gerechtigkeit und Liebe: *gaudium et spes*, Freude und Hoffnung. Schauen wir auf die Menschen und ihr Leben mit einem – fast möchte ich sagen: positiven Vorurteil, mit einem Vorschuss an Vertrauen. Licht sein, Hüter der Schönheit ...

Betrachten wir, wie das Salz wirkt. Salz, das in der ungeöffneten Packung oder in seinem kleinen Fach im Küchenschrank bleibt, dient zu nichts. Es muss da heraus, es ist dazu da, sich zu verlieren, um den Geschmack zu heben. Es schenkt sich hin und verschwindet. Stellen wir uns eine solche Kirche vor: eine Kirche, die sich auflöst für andere, die Licht entzündet, die sich verschenkt – und darin ihre Freude findet!

Wenn ich mich in mich verschließe – ich kann so viele Tugenden haben wie ich will –, und nicht teilhabe am Leben der anderen, wenn ich nicht aufmerksam bin und mich anderen nicht öffne, dann mag ich vielleicht frei von Sünden sein – und lebe doch in einem Zustand der Sünde, wie Giovanni Vannucci treffend sagt.

Salz und Licht sind nicht dazu da, ihren eigenen Fortbestand zu sichern, sondern sich aufzulösen, um Geschmack zu verleihen bzw. um sich zu verströmen und zu erhellen. Sie sind nicht Selbstzweck, sondern Mittel. So ist die Kirche: nicht Ziel, sondern ein Mittel, um das Leben der Menschen besser und schöner zu machen, um der Welt Geschmack und Schönheit zu geben. Wenn unsere Verkündigung Jesu Christi nicht dem Leben dient, wenn sie nicht das Leben stärkt, dann ist es nicht Christus, den wir verkündigen.

Ich frage mich: Wann bin ich Salz, das den Geschmack verloren hat?

1. Wenn ich als „Mann Gottes" die Aufmerksamkeit auf mich lenke und nicht auf Gott. „Worüber habt ihr unterwegs gesprochen?", fragt Jesus die Jünger (Markus 9,33). Sprechen wir noch von ihm oder nur von uns? Ist in unseren langen Ausführungen noch Platz für ihn?

2. Wenn ich es nicht verstehe, die Menschen zu mögen, und keine Liebe weitergebe; wenn ich nicht großzügig bin, wenn ich mit Gefühlen geize, dann habe ich den Geschmack des Evangeliums verloren.

Ich mag Autorität ausstrahlen, Bildung und kirchliche Lehren vermitteln, ich mag perfekte Weisungen und Empfehlungen und goldene Regeln aussprechen, doch für all das hätte es Jesus Christus nicht gebraucht, dafür wäre die Verrücktheit des Kreuzes nicht nötig gewesen. Wenn ich nicht dem, der mir begegnet, Liebe weitergebe, gebe ich ihm nicht das, was seinem Leben wirklich zugute kommt, nicht das, was ihm wirklich Licht gibt. Ich bin, mit Paulus gesprochen, „dröhnendes Erz oder eine lärmende Pauke" (1 Korinther 13,1), geschmackloses Salz.

3. Salz, das den Geschmack verloren hat, bin ich auch dann, wenn ich nicht zweierlei vermittle: Hoffnung und Freiheit. „Haus Gottes" sind wir, wenn wir die Freiheit und die Hoffnung bewahren, heißt es in einer großartigen Stelle im Hebräerbrief (vgl. 3,6). Wir haben stattdessen immer wieder andere Begriffe eingesetzt: Haus Gottes sind wir, „wenn wir die Tradition und die Moral bewahren"; Zelt Jesu Christi sind wir, „wenn wir ein asketisches, anständiges Leben führen"; Tempel des Heiligen Geistes sind wir, „wenn wir treu und gehorsam sind" ... Das mag alles gut und schön sein, doch es sind andere Kräfte, die uns zum Haus Gottes machen, zu seiner Wohnstätte; es ist etwas anderes, was ihn anzieht und in der Welt wohnen lässt: Freiheit und Hoffnung, nicht ein Leben der Voll-

kommenheit, nicht die großen Werke. Gott baut sein
Haus da, wo er willkommen geheißen und umarmt wird
von Männern und Frauen, die Freiheit und Hoffnung ausstrahlen, die Geschmack am Leben vermitteln, die das Leben erhellen. Ich möchte hier an ein wegweisendes Wort
von Pater Giovanni Vannucci erinnern: „Das Evangelium
ist keine Moral, sondern eine überwältigende Befreiung."

Zum besseren Verständnis dessen, was „Freiheit vermitteln" im biblischen Sinne bedeutet, werfen wir einen Blick
ins Buch Genesis. Das erste Verb, das Gott im Dialog mit
dem Menschen verwendet, lautet *k ö n n e n ,   d ü r f e n*:
„Von allen Bäumen des Gartens darfst du essen" (Genesis
2,16). Es ist auch das erste Verb, das Eva im Gespräch mit
der Schlange verwendet: „Von den Früchten der Bäume im
Garten dürfen wir essen" (3,2).
Du darfst, du wirst ... können: Die Bibel weist auf das Potenzial hin, das im menschlichen Leben steckt, auf die
Entwicklungsmöglichkeiten. Leben heißt, Möglichkeiten
zu erkunden, Grenzen zu sondieren, wachsen. *Du darfst,
du kannst:* Ganz am Anfang steht ein Freiheitsdekret.
    Die Schlange hingegen spricht zuerst ein Verbot aus:
„Hat Gott wirklich gesagt: Ihr dürft von keinem Baum
des Gartens essen?" (3,1). Sie stellt die Relation des Menschen zu Gott und zum Leben als eine Falle voller Verbote
dar!
    Du darfst! Du kannst!, oder: Du darfst nicht! Du
musst!? Es sind zwei verschiedene Sichtweisen des Glaubens. Das erste Verb, das Gott und der Mensch verwenden,

beinhaltet ein Ja zum Leben; der Feind legt ein generelles Verbot nahe: ein Nein zum Leben.

Über dem Menschen und seinem Leben steht kein Minus, sondern ein Plus: Du, ihr könnt! Gott ist die Quelle der Freiheit.

Gewiss, es gibt auch das Verbot; nicht alles ist erlaubt. Das Verbot ist wichtig, aber es kommt erst an zweiter Stelle, man könnte sagen, es verhält sich zu dem Können und Dürfen wie 1 zu 1000: Tausend Bäume stehen euch zur freien Verfügung, aber dieser eine da nicht.

Es wird uns versichert, dass die tragende Säule das Geschenk, die Vor-Gabe vonseiten Gottes ist, nicht ein Gebot. „Wenn du die Gabe Gottes kennen würdest ..." (Johannes 4,10). Gottes Gabe ist er selbst, der sich schenkende Gott.

„Ihr dürft, ihr könnt!", sagt Gott. Wir sind nicht Teil eines geschlossenen Systems, wo das meiste vorgeschrieben und der Rest verboten ist. Wir sind Menschen auf der Suche, auf der Suche nach Wegen, wie möglichst *alle* Geschmack und Freude am Leben und seiner Schönheit haben können. Wir sind doch keine Interpreten von Verboten!

„Du darfst, du kannst!", sagt Gott zu jeder, jedem Einzelnen. Zu Kain sagte er, an der Tür lauere das Böse, aber er könne „recht tun" und Herr über es werden: Du bist stärker als der „Dämon", als die Bestie des Bösen (vgl. Genesis 4,7).

Vielleicht leiden wir alle, die einen mehr, die anderen weniger, unter engen, festen Vorstellungen, in denen wir gefangen sind. Jesus, dieser faszinierend freie Mensch, kann uns manchmal regelrecht zusammenzucken lassen. Bei ihm gibt es keine Stereotypen, er passt in kein Klischee, sprengt immer wieder den Rahmen. Der aufmerksamen Leserin, dem aufmerksamen Leser entgeht nicht die Faszination der Evangelisten für die Freiheit Jesu. Lies im Evangelium, atme seine Freiheit, hol ganz tief Luft und atme auf!

Die Freiheit hat ein Geheimnis: jenes Göttliche in dir, das zu entdecken und anzubeten die wahren Lehrer des Geistes dich einladen. Gott, etwas von ihm ist in dir, und er ist der Quell eines Lebens in Freiheit.

In der Treue zu diesem Göttlichen in uns werden wir frei aus der Versklavung durch Menschen und Dinge, durch missbrauchte Konventionen, durch seelenlose Gesetze, durch Erwartungen und mögliche Urteile anderer. Denn worauf es ankommt, das ist der Blick des Herrn, das ist dieses Göttliche, dieses „kleine Stück Gott in dir", wie es Angelo Casati bildlich ausgedrückt hat. Der Anfang aller Freiheit liegt in Gott, in ihm hat sie ihre Quelle. Wir finden sie in der Bibel, einem Buch, das voll ist von Wegen und „Wind", das Wege aufzeigt und von Wegen der Menschen erzählt, das vom freien Wirken des Geistes spricht. Wer sich Christus nähert, sollte den Geist der Freiheit spüren. Es ist eine Freiheit, die uns hilft, treuer sein zu können: treu im Wesentlichen und frei von allem Zweitrangigen, Vergänglichen, von kulturellem Ballast, von allzu viel Bürokratie, von Geltungsbedürfnis und schönem Schein, frei von Masken, frei von Angst, frei von höfischem Verhalten und Heuchelei!

Diese Freiheit ist wie frische Luft für die Kirche. Wie viel Licht ginge von unseren Gemeinden und Gemeinschaften aus, wenn die Menschen dort den Atem der Freiheit und Hoffnung verspürten! Wo Freiheit ist und Hoffnung, da kann das Leben seinen Zauber wiedergewinnen – in einer Zeit, in der uns eine nihilistische Gleichgültigkeit einerseits und Fundamentalismen andererseits in die Zange nehmen. Fundamentalisten sind übrigens auch daran zu erkennen, dass sie nicht glücklich sind ...

4. Salz, das den Geschmack verloren hat und zu nichts nütze ist, bin ich, wenn ich mich in meinem Handeln nicht mehr von anderen unterscheide, wenn ich mich nahtlos in das System dieser Welt einfüge. Der italienische Schriftsteller Leonardo Sciascia formulierte es sehr anschaulich: „Ich erwarte, dass die Christen die Welt manchmal *gegen den Strich streicheln*"[4] – und nicht den Mächtigen nach dem Mund reden, nicht einfach der vorherrschenden Meinung beipflichten, sondern gegen den Strom schwimmen.

„Bei euch soll es nicht so sein" (Matthäus 20,26), sagt Jesus den Seinen: nicht so, wie es im Allgemeinen in der Welt zugeht. Jesus stellt gegenüber den gängigen Verhal-

---

4   Im Italienischen: *accarezzare in contropelo*; „gegen den Strich" wird nicht gebürstet, sondern gestreichelt: Die liebevolle Zuwendung kommt gerade darin zum Zug, dass man auch einmal unbequem ist.

tensweisen, gegenüber der Gleichmacherei und Anpassung als Alternative das unterscheidend Christliche heraus.

In der Welt gewinnen die einen auf Kosten der anderen; die Rücksichtslosen und Gewalttätigen setzen sich gegen die Sanftmütigen durch, die Mächtigen unterdrücken die Untergebenen. – „Bei euch soll es nicht so sein!" In der Welt gelten die Reichen, die Cleveren, die Berühmten als glücklich. – „Bei euch soll es nicht so sein!" Unter uns Christen sollen andere Maßstäbe gelten: „Es gibt zwei Welten; wir gehören zu der anderen" (Cristina Campo). Unser „Manifest", die Seligpreisungen, ist revolutionär, es stellt alles auf den Kopf. Glücklich die Armen, die Prügel- knaben, diejenigen, die kühn genug sind, ihrerseits trotz allem auf den Frieden zu setzen, die aufrecht ihren Weg weitergehen! Gott schenkt denen Freude und Glück, die Liebe freisetzen! „Es genügt nicht, Gläubige zu sein, glaub- würdig müssen wir sein" (Rosario Livatino). Uns ist die erschreckende Möglichkeit in die Hand gegeben, unsere Botschaft unglaubwürdig zu machen, indem wir ein Le- ben führen, das wie erloschen wirkt, ein Leben, das allen Geschmack verloren hat.

5. Salz, das den Geschmack verloren hat, bin ich, wenn ich nicht „mehr Mensch" geworden bin, wenn ich nicht als Mensch gewachsen und aufgeblüht bin, wenn mein Menschsein sich nicht entfaltet hat. Dietrich Bonhoeffer hat sehr treffend festgestellt, dass ein Göttliches, das nicht mit einem Aufblühen des Menschlichen einhergeht, es nicht wert sei, dass wir uns ihm widmen: Ein Göttliches,

das nicht das Menschliche zum Blühen bringt, interessiere nicht. – Einer der schärfsten Sätze, die ich einmal über uns Priester gehört habe, lautete: „Warum soll ich mir diesen Priester anhören; der ist doch weniger Mensch als ich!" Ein anderer: „Geh zu dem dort, sprich mit ihm; denn dem merkt man nicht an, dass er Priester ist!"

Ein chassidischer Rabbi erzählt, wie er ausgebildet worden ist: „Wenn ich zu meinem Lehrer ging, so war es nicht, um bei ihm Kenntnisse oder Ideen zu lernen; wenn ich zu ihm ging, so war es, um zu sehen, wie er die Sandalen bindet und wie er die Schleife löst." Um zu lernen, wie man lebt! Um diese „Exegese des Lebens" geht es: anhand der unscheinbarsten Gesten zu verstehen, wie wir mit Dingen und Geschöpfen, mit anderen, mit uns selbst und mit Gott umgehen sollen. Um Lebensweisheit zu erwerben, hat der Rabbi seinen Lehrer aufgesucht: um zu sehen, wie dieser arbeitet, wie er isst, wie er seine Liebe bekundet, wie er lacht.

Die christliche Wahrheit zeigt sich nicht darin, welche Lehre du vertrittst, sondern darin, inwieweit du in guten, harmonischen Beziehungen lebst, wie du mit Dingen und Menschen umgehst, ob du als freier Mensch im Bewusstsein deiner Würde agierst, ob du anderen gegenüber gut bist und in Freude und Dankbarkeit handelst. „Nicht daran, wie einer von Gott redet, erkenne ich, ob seine Seele durch das Feuer der göttlichen Liebe gegangen ist, sondern daran, wie er von irdischen Dingen spricht" (Simone Weil).

Salz, das den Geschmack verloren hat, sind wir, wenn wir Masken und Ängste zeigen. Die Menschen möchten bei den Jüngerinnen und Jüngern Fragmente von Leben

entdecken, nicht Fragmente einer definierten Lehre; sie
wollen keine Menschen, denen Gott in die Hand gegeben
wurde, damit sie ihn festhalten, sondern sie interessiert,
was wir aus diesem Gott gemacht haben.

Ihr *seid* das Salz, das Licht der Welt! – Beachten wir, dass
Jesus nicht sagt: Strengt euch an, Licht zu werden, Geschmack zu haben! Vielmehr sollen wir wissen, dass wir
schon Salz und Licht *sind*. Eine brennende Kerze muss
sich nicht anstrengen, um Licht zu geben, es ist ihr Wesen,
wie das Salz von Natur aus seinen Geschmack hat. Wer
Gott „geatmet" hat, der *hat* Licht, der verbreitet ganz von
selber Licht. Wer im Evangelium zu Hause ist, wer darin
lebt, der „schmeckt" ganz von selbst nach Leben!

Wir sind das Haus Gottes, das demütige Zelt des Logos,
womöglich ein dürftiger Unterschlupf, eine Baracke oder
ein Stall. Aber wir sind der Raum, wo er zugegen ist, wir
müssen die göttliche Gegenwart in uns und unter uns
nicht „erobern"; wir müssen uns lediglich seiner Präsenz
bewusst werden. Er in uns hat uns schon jene Hoffnung
und Freiheit geschenkt, die wir als sein lebendiges Haus
bewahren sollen. „Euer ganzes Übel besteht darin, dass ihr
nicht wisst, wie schön ihr seid!" (Fjodor Dostojewski).

Je mehr wir der Aussage nachgehen, dass *wir* Licht *sind*,
desto mehr wird sie uns verwundern. Dass Gott Licht ist,
das ist uns vertraut, das ist unser Glaube; aber wir, ich und
du, mit all unseren Grenzen und Schattenseiten? Eine son-
derbare Aussage – und eine ausgesprochen schöne! Ein
schier unglaubliches Vertrauen setzt Jesus in uns Men-

schen: Ihr seid das Licht der Welt?! Es scheint mir undenk-
bar, wenn ich mich selbst anschaue; ich kenne mich gut genug, um zu wissen, dass ich weder Licht noch Salz bin.
Doch das Evangelium lässt nicht locker: Bleib nicht an der
Oberfläche hängen, die rau und unbearbeitet sein mag,
schau in dich hinein, wende dich der verborgenen Tiefe deines Herzens zu; bleib auch nicht an der Oberfläche der anderen Menschen stehen! Du wirst in dir, in den anderen ein
Licht finden, das brennt, und eine ganze Hand voll Salz!

Wenn wir unser Leben am Evangelium ausrichten, können wir erleben, dass wir tatsächlich „eine Hand voll Licht
für die Welt" sein können (Luigi Verdi), Menschen, die
anderen helfen, in ihrer Schönheit aufzustrahlen wie im
Licht der durchbrechenden Sonne. Als Gläubige sollen wir
Augen haben, die Licht geben (vgl. Matthäus 6,22).

Jesus sagt nicht: Ihr seid Licht durch eure Lehre oder
durch eure Worte. Sondern durch die konkrete Liebe: „So
soll euer Licht vor den Menschen leuchten, damit sie eure
guten Werke sehen und euren Vater im Himmel preisen"
(Matthäus 5,16), das heißt: Wenn die Liebe die einzige
Richtschnur eures Lebens ist, dann seid ihr Licht und Salz
für die Menschen, die euch begegnen. Und zwei Menschen, die einander lieben, werden Licht in der Dunkelheit, ein Licht, das vielen anderen auf ihrem Weg leuchtet.
Überall da, wo Menschen gut zueinander sind und sich
gern haben, überall da, wo Güte und Liebe sind, wird jenes
Salz gestreut, das dem Leben einen guten Geschmack verleiht.

Wie das Licht leuchtet (I)

Jesaja zeigt einen ersten Weg, wie das Licht leuchten kann und das Salz geschmackvoll bleibt. Dieser Weg ist markiert durch eine ganze Reihe von Verben, von Tätigkeitswörtern: „die Fesseln des Unrechts lösen, die Stricke des Jochs entfernen, die Versklavten freilassen, jedes Joch zerbrechen, an die Hungrigen dein Brot austeilen, die obdachlosen Armen ins Haus aufnehmen, wenn du einen Nackten siehst, ihn bekleiden und dich deinen Verwandten nicht entziehen" (Jesaja 58,6f). „Dann", so heißt es, „wird dein Licht hervorbrechen wie die Morgenröte, und deine Wunden werden schnell vernarben" (58,8). – Man spürt förmlich die Ungeduld Gottes, die Ungeduld Adams, es will Morgen werden, es soll Licht werden, der Körper hat Hunger, der Mensch ist verwundet, er braucht Brot, er will gesunden. Licht wird es, wo das Brot gebrochen und geteilt wird.

Gib anderen Licht – und du wirst Licht haben; heile andere – und du wirst selbst heil! Bleib nicht gekrümmt, sodass du nur dich selber, deine Geschichte, deine Niederlagen, deine Erfolge siehst, sondern kümmere dich um die Erde, um deine Stadt! Wenn du die Augen abwendest von den anderen, wirst du nie *Mensch*, wirst du auch kein Priester, kein Bischof mit Ausstrahlung. Wer nur sich selbst im Blick hat, kommt nie zum Licht, wird nie erleuchtet sein.

Niemand ist so klein oder so groß, dass er sich dem Auftrag entziehen dürfte, anderen Menschen Geschmack am Leben und etwas vom Licht und Glanz Gottes zu vermitteln. Letzteres aber geschieht da, wo jemand wirklich *Mensch* ist, und zwar in aller Regel so, dass der Betreffende es selbst gar nicht bemerkt. Ja, es kommt vor, dass man selber Gott nicht spürt und dass dennoch etwas von ihm, von seiner Gegenwart andere Menschen ergreift. So wirkt Gott. Wie oft habe ich das erlebt. Manchmal irren wir voller Zweifel umher, fühlen uns in tiefer Nacht – und werden doch zum Licht für einen anderen Menschen, sei es durch ein Wort, eine Geste, eine kleine Tat, und wir wissen selbst nicht, wie es dazu gekommen ist. So wirkt Gott.

Licht sein, brennendes Licht auf dem Leuchter, das bedeutet nicht, *selbst* zu sehen, sondern es anderen ermöglichen, dass *sie* sehen. Es bedeutet nicht, Erklärungen abzugeben und Verlautbarungen zu veröffentlichen. Es bedeutet auch nicht, Lärm zu machen, Aufsehen zu erregen. Das Licht macht keinen Lärm und übt keine Gewalt aus, wenn es auf etwas fällt, sondern lässt es ganz einfach herauskommen und hebt es in all seiner Schönheit hervor. Als „Leute des Evangeliums" sollen wir das Leben, seine Schönheit zum Vorschein kommen lassen und alles, was lebt, liebevoll und respektvoll anschauen. Um dem Leben seinen Zauber wiederzugeben.

WIE DAS LICHT LEUCHTET (II)

Einen zweiten Weg, wie das Licht leuchten kann und das Salz geschmackvoll bleibt, finden wir bei Paulus skizziert: „Ich hatte mich entschlossen, bei euch nichts zu wissen außer Jesus Christus, und zwar als den Gekreuzigten" (1 Korinther 2,2). Das ist der unabdingbare Kern unseres Glaubens: Christus zu kennen, ihn allein zu „wissen" (*sapere*). Es geht um weit mehr als um Kenntnisse: Es geht darum, den Geschmack Christi zu haben (*sapere* heißt wissen und nach etwas schmecken). Dies aber geschieht in dem Maße, wie Christus mich durchdringt – ähnlich wie das Salz sich in einer Speise auflöst und sie geschmackvoll macht. Christus will alle Fasern meines Lebens durchdringen, mein Reden und Tun, mein Denken, mein Herz. Christus in mir. Sein Kreuz in mir. Sein Wort: ein Lichtschwert ...

Christus kennen in diesem tiefen Sinn, das ist das Salz der Geschichte. Er ist es, der vor dem Vergehen und Auseinanderfallen bewahrt. Mit dem Salz des Bleibenden, des Ewigen dringt er ein, durchwirkt er die Dinge und unser Tun.

Christus, den Gekreuzigten, will Paulus „wissen". Kein Mensch kann in die Sonne schauen, ohne dass sein Gesicht in ihrem Licht hell wird. Menschen, die etwas vom Licht Gottes widerspiegeln, haben ein Geheimnis: Sie sind Gottes Freunde. Man erkennt sie, wenn man nur ein wenig aufmerksam ist: Es gibt diese Gesichter, die etwas von ihm widerspiegeln, Menschen, in denen offenkundig Gott wohnt. Wenn sich jemand Tag für Tag seinem grenzenlos zärtlich-liebenden Blick aussetzt, prägt ihn das zwangsläufig: Er bekommt dadurch eine eigentümliche, ganz besondere Schönheit.

Solche Menschen verbreiten Licht, ohne dass sie es wüssten. Es genügt, sie zu sehen: Ihr Tun spricht, ihre offenen

Arme und ihr offenes Herz, ihr Lächeln, ja selbst ihre Tränen sprechen. Wenn ich einem solchen Menschen begeg-
ne, weiß ich: Gott ist da. Gott ist Licht. Und das Herz sagt
mir: Auch du bist für das Licht geschaffen.

WIE DAS LICHT LEUCHTET (III)

Sodann gibt es einen dritten Weg. Jesus sagt: „*Ihr* seid
das Licht ...“ – nicht ich oder du, sondern: ihr. Wenn
ein Ich und ein Du sich begegnen und ein Wir bilden,
dann wird es Licht. In der Herzlichkeit und Geschwister-
lichkeit unserer Zusammenkünfte wie in der offenherzi-
gen Aufnahme eines unbekannten Flüchtlings oder Ein-
wanderers ...

Ein jüdisches Gleichnis sagt, dass jeder Mensch mit einer
kleinen Flamme vorne an der Stirn zur Welt kommt, die
für die Augen unsichtbar ist, nicht aber für das Herz; wie
ein Stern zieht diese Flamme vor einem her. Wenn sich
zwei Menschen begegnen, vereinen sich ihre Flammen, sie
lodern auf, jede gibt der anderen Energie, wie zwei Holz-
scheite im Herd. Die Begegnung bringt neues Licht hervor. Wenn aber ein Mensch lange allein bleibt und keinem
anderen begegnet, wird die kleine Flamme vor seiner Stirn
schwächer und schwächer, bis sie schließlich erlischt. Dieser Mensch muss seinen Weg gehen, ohne dass ein Stern
vor ihm herzöge.

Unser Licht lebt von der Gemeinschaft, von Begegnungen, vom Teilhaben und Teilhaben-Lassen. Es ist nicht
wichtig, ob jemand im Rampenlicht steht oder nicht, ob

jemand Einfluss hat und Ansehen genießt oder nicht; worauf es ankommt, ist dies: dass wir Hüter des Lichtes sind, dass wir *leben* – als Menschen, die innerlich brennen, als Menschen, die Licht sind.

Ein Hymnus der Dankbarkeit an Jesus Christus,
das Licht der Welt, das ewige Licht, aller Dinge Anfang:

Du bist das reine Licht,
das ungeschaffene Licht, das die Welten hervorbringt.
Du bist das Licht jeder Kreatur, die ins Dasein kommt.
Du bist das innerste Licht eines jeden von uns.
Du bist der Einzige, Anfang und Ende,
der, der die Türen des Lebens öffnet und schließt,
der dem Tod gebietet und seine Wege mit Leben flutet.
Du bist das Leben, das uns befreit von dem Bösen,
das in den Menschen ist,
das Feuer, das nicht den Menschen,
aber seine Schatten verbrennt,
die Freude der Schöpfung, die Freude des ersten Morgens.
Dir gehört unsere Liebe,
alles, was wir sind und haben, gehöre dir!

(Giovanni Vannucci)

Ihr aber,
für wen haltet ihr mich?

(Lukas 9,20)

Du, der du mich ergriffen hast
und nicht in Ruhe lässt,
wie könnte ich dir widerstehen?
Du bist der Gott-mit-uns,
die Zärtlichkeit des Vaters,
die Schulter, auf die der große Hirte
das verlorene Schaf legt.
Du bist die Liebe, die kämpft
und seufzt – im Himmel wie auf Erden,
in jedem liebenden Herzen.
Du bist die Mitte der Welt,
die Flamme in allen Dingen,
das Feuer, das die Erde vom Eis befreit.
Du bist die immer offene Tür,
Anfang und Ziel unserer Pilgerschaft,
die Quelle am Anfang, der Gipfel am Ende.
Verliebt in uns, bleibst du uns treu,
als Seelenbräutigam schenkst du das Glück der Liebe.

Du bist der Flügel unserer Hoffnung,
der Same, aus dem Großes wächst,
das Segel, das unser Schiff auf den Fluten voranbringt.
Wie der Frühling für die Blumen bist du für mich,
wie der Wind für den Adler.

„Jesus betete einmal in der Einsamkeit, und die Jünger waren bei ihm. Da fragte er sie: ‚Für wen halten mich die Leute?‘ Sie antworteten: ‚Einige für Johannes den Täufer, andere für Elija; wieder andere sagen: Einer der alten Propheten ist auferstanden.‘

Da sagte er zu ihnen: ‚Ihr aber, für wen haltet ihr mich?‘

Petrus antwortete: ‚Für den Messias Gottes.‘

Doch er verbot ihnen streng, es jemand weiterzusagen. Und er fügte hinzu: ‚Der Menschensohn muss vieles erleiden und von den Ältesten, den Hohepriestern und den Schriftgelehrten verworfen werden; er wird getötet werden, aber am dritten Tag wird er auferstehen‘“ (Lukas 9,18–22).

Jesus befindet sich an einem einsamen Ort, um zu beten. Die Jünger sind bei ihm. Stille, Einsamkeit, Gebet: eine intime Atmosphäre umgibt die kleine Gruppe, auch in ihrer Beziehung zu Gott. Es ist eine jener ganz besonderen Stunden, in denen die Liebe greifbar wird: Sie umhüllt einen von allen Seiten wie ein warmer Mantel; man fühlt sich als kleiner Teil des Universums und schwingt sich ein. In dieser ganz besonderen Stunde stellt Jesus eine entscheidende Frage, eine Frage, an der alles hängt, der Glaube, die Entscheidungen, das Leben: „Ihr aber, für wen haltet ihr mich?"

Jesus greift zur Methode des Fragens, um seine Freunde weiterzubringen. Seine Fragen sind wie Funken, die etwas in Gang bringen, die verwandeln und voranbringen: eine Art Initialzündung. Mit seinen Fragen bringt er zum Nachdenken, setzt innere Prozesse in Gang, die das Leben verändern und aus der Zuschauerrolle herausholen. Jesus ist ein wahrer Meister in Sachen Leben, er möchte den Seinen bewusst machen, was Leben ist, indem er sie darüber nachdenken und in die Poesie des Lebens eintauchen lässt.

„Im Leben sind die Fragen wichtiger als die Antworten, denn Antworten machen zufrieden und stellen uns ruhig; die Fragen aber zwingen uns, nach vorn zu blicken und weiterzugehen" (Pier Luigi Ricci).

Nicht mehr fragen, sondern sich fragen lassen. Fragen durchleben, die den Glauben Leben werden lassen. Nicht mehr den Herrn infrage stellen, sondern sich von ihm infrage stellen lassen ... – Jesu erste Frage erinnert an eine demoskopische Untersuchung: „Für wen halten mich die Leute?" Was die Leute sagen, ist gut und schön, aber es ist unvollständig: Sie halten ihn für einen Propheten, einen Mann voll Feuer und Licht, für den zurückgekehrten Elija oder für Johannes der Täufer, ein Sprachrohr Gottes und der Armen.

Jesus verändert die Frage, er wird ganz direkt: „Ihr aber, für wen haltet ihr mich?" – *Ihr aber*: Mit diesem Einstieg setzt er die Jünger bewusst von „den Leuten" ab: Sie sollen sich nicht mit dem begnügen, „was man so sagt". *Ihr aber,* ihr Fischer, die ihr eure Boote zurückgelassen habt, um mir zu folgen, ihr, die ihr nun schon geraume Zeit bei mir seid, ihr, meine Freunde, die ich einzeln ausgewählt habe, für wen haltet ihr mich? Wer bin ich für euch? Er spricht sie als Freunde an, in der gesammelten Atmosphäre des einsamen Ortes, unter der goldenen Kuppel des Gebets.

Und du? Für wen hältst du mich? – Mit dieser Frage sind wir am Puls des Glaubens. Jesus will nicht Worte, er sucht Menschen; nicht Definitionen, sondern Ergriffene. Er möchte wissen: Wie ist es dir ergangen, als du mir begegnet bist?

Jesus, der Meister des Herzens, gibt keine Unterrichtsstunden, bringt uns keine Antworten bei, die wir zu lernen hätten, sondern er leitet uns behutsam an, im eigenen Herzen auf die Suche zu gehen. Wenn ich in mich gehe, kommt mir die Antwort: Dir zu begegnen, Jesus, war das Schönste und Beste, was mir in meinem Leben widerfahren ist.

Viele Menschen in meinem Bekanntenkreis, die sich als „nicht gläubig" bezeichnen und die sich doch wünschten, glauben zu können, scheuen sich, mit der Kirche, mit einem Priester Kontakt aufzunehmen, weil sie fürchten, „indoktriniert zu werden". Sie wollen schließlich nicht ihre Freiheit verlieren, auch nicht die Freiheit zu denken; sie wollen keine Antworten aus dem Lehrbuch ... Ähnliches passiert in vielen Familien: Die Kinder gehen – womöglich zu Recht – dem Gespräch mit den Eltern aus dem

Weg, weil sie keine Lust auf fertige Antworten und längst feststehende Pläne haben. Jesus, der Meister menschlichen Lebens, indoktriniert niemanden. Er stimuliert eigene Antworten. Und so bringt er neues Leben hervor: Sein Handeln ist fruchtbar.

Was sagen die Leute? Und ihr, was sagt ihr? – Jesus will nicht von uns, dass wir ein Credo verfassen, ein Glaubensbekenntnis zusammenstellen oder Dinge von früher ausgraben: Bei *dieser* Frage hilft der Rückgriff auf Elija oder einen der Propheten nicht weiter. Denn in Jesus treffen wir auf eine neue Gegenwart: Worte, wie sie noch nie gehört wurden, Taten, wie sie noch keiner gesehen hat, „die Berührung einer liebevoll-energisch zupackenden Hand, die dir hilft zu gebären" (Alda Merini): ein erfüllteres Leben zu „gebären"!

Wer bin ich für dich? – Das ist eine Frage, wie sie Verliebte einander stellen; sie wollen wissen: Welche Rolle spiele ich für dich, in deinem Leben? Was bedeute ich dir? Wer bin ich für dich? Und wie schön ist es, die Antwort zu vernehmen: Du bist mein Leben; du bist meine Frau bzw. mein Mann; du bist die Liebe meines Lebens!

Jesus braucht nicht die Meinungen seiner Apostel, um zu wissen, ob er besser ist als die alten Propheten, sondern er möchte sich vergewissern, ob Petrus und die anderen Verliebte sind, die ihr Herz weit aufgemacht haben. Christus will *in uns* lebendig sein: Wir können seine Wiege oder sein Grab sein.

Petrus antwortet ungestüm und entschlossen, wie wir das von ihm kennen: *Du bist der Messias Gottes!* – Du bist der Arm Gottes, sein Plan, sein Mund, sein Herz; du bringst Gott mitten unter uns, in deinen Händen berührt die zärtliche Liebe Gottes die Erde.

„Du bist der Sohn des *lebendigen* Gottes" (Matthäus 16,16). Jesus, der Sohn des Lebendigen: „Sohn" bezeichnet in der Bibel den, der tut, was der Vater tut, und der dem Vater in allem gleicht. Wie der Vater, so ist auch Jesus der Lebendige. Immer wieder stoßen wir in der Bibel auf dieses Begriffsfeld, auf dieses Wort: Leben. Wie ein untergründiges Leitmotiv zieht es sich durch alles durch. Was hat Jesus mit mir zu tun?, kann man sich fragen. Die Antwort ist überwältigend, sie mag fast überzogen klingen: Er lässt dich leben!

Petrus hat etwas davon gespürt; er bekennt: „Herr, zu wem sollen wir gehen? Du hast Worte des ewigen Lebens" (Johannes 6,68). – Jesus, du hast Worte, die aufleben lassen, die endlich *Leben* ins Leben bringen! Leben für den Geist, denn der Geist dürstet nach Wahrheit und braucht Freiheit, sonst verkümmert er. Leben für das Herz, denn das Herz braucht Liebe, sonst erlischt es förmlich. Ein befreundeter Philosoph, Salvatore Natoli, sagte mir: „Der Unterschied zwischen uns ist, dass du glaubst, dass Jesus lebt. Ich glaube das nicht: Er lebt nicht mehr, leider." – Petrus bezeugt in seinem Bekenntnis, dass Jesus lebt, ja, dass er der Lebendige ist, der das Leben selbst in sich trägt, nicht nur ein bisschen Leben. Er ist Leben in Aktion, Kraft, die Leben schafft, einer, der Leben schenkt.

Die Antwort des Petrus ist aber immer noch nicht alles. Der Verweis auf eine zurückgekehrte Vergangenheit (Jesus als Prophet) genügte nicht; aber auch der Blick in die Gegenwart (Jesus als der Messias, als der Lebendige) genügt nicht. Es ist noch mehr und anderes zu sagen, wie der Fortgang der Erzählung zeigt. Und damit wird das Gottesbild auf den Kopf gestellt – und mit diesem auch das Bild vom Menschen. Gott kommt aus einer Zukunft heraus auf uns zu, die sich kein Mensch hätte vorstellen können: „Der Menschensohn muss vieles erleiden und von den Ältesten, den Hohepriestern und den Schriftgelehrten verworfen werden; er wird getötet werden, aber am dritten Tag wird er auferstehen" (Lukas 9,22).

Bevor Jesus das sagt, schärft er den Jüngern etwas ein: „Er verbot ihnen streng, es jemand weiterzusagen", dass er der Messias sei. Warum? Weil sie das Entscheidende noch nicht gehört, gesehen, erfasst haben.

Jesus sagt gewissermaßen: Wollt ihr wirklich etwas über mich wissen – und damit auch etwas über euch selbst? Wir können uns verabreden: Am Karfreitag. Treffpunkt ist das Kreuz. Da oben hängt einer. Ein Erhöhter.

Der Treffpunkt am Tag zuvor war ein anderer: Da fanden sie einen ganz unten. Einen mit einem Handtuch, gebückt, der den Seinen die Füße wäscht.

Wer ist Gott? Mein Fußwäscher. Auf Knien vor mir. Seine Hände an meinen Füßen. Spontan möchte man wie Petrus sagen: „Niemals sollst du mir die Füße waschen!" (Johannes 13,8). Ein Messias darf das doch nicht; ja, bist du denn nicht ganz bei Trost?

Darauf er: Ich bin wie dein Sklave, der auf dich wartet, und wenn du wiederkommst, wasche ich dir die Füße.

Paulus hat recht: Der christliche Glaube ist skandalös und völlig verrückt (vgl. 1 Korinther 1,23).

Nun verstehen wir, wer Jesus ist: Er ist der Kuss für den, der ihn verrät, dienende Liebe für den, der ihn verleugnet. Er zerbricht keinen, er gibt sich selber hin: gebrochenes Brot. Er vergießt kein fremdes Blut. Sondern sein eigenes. Er opfert niemanden, er opfert sich.

Wo ist das Heil? Bei ihm. Da, wo ich ihn verrate und er mich liebt. Der Verwundete, den ich verletzt habe, schaut mich an und liebt mich. Und abermals bekehrt er mich. Da ist er, tödlich verwundet, und dennoch: kein Groll, kein Zürnen, nur eine offene Seite, aus der Blut und Wasser fließen (Johannes 19,34): Liebe und Unschuld.

Schließlich noch eine Verabredung: Ostern. Da nimmt er uns alle mit hinein in sein Auferstehen, da nimmt er uns mit nach oben. Eine Kraft, die keine Ruhe gibt, bis sie nicht auch den letzten kleinen Zweig der Schöpfung erfasst hat.

„Sagt bloß nichts!" Eine strenge Anweisung, die bis heute weiterklingt, bis hin zu uns, zur heutigen Kirche. Manchmal haben wir ein verzerrtes Antlitz Gottes verkündet. Wir hätten besser geschwiegen. Reden kann nur, wer wie Andreas ist, „einer der beiden, die das Wort des Johannes gehört hatten und Jesus gefolgt waren. Dieser [Andreas]

traf zuerst seinen Bruder Simon und sagte zu ihm: ‚Wir
haben den Messias gefunden‘" (Johannes 1,40f).

Zu viel haben in der Kirche diejenigen geredet, die ihn
nicht gefunden haben.

Und ich? Wie kann *ich* andere auf ihrem Weg zu Gott
begleiten, wenn ich ihn nicht gefunden habe?

Es ist eine Mahnung für mich ganz persönlich. Wie oft
ist es mir während der hl. Messe passiert, dass ich vor der
Predigt, bei den Schritten von meinem Sitz hin zum Am-
bo, Angst bekam, Angst, das Evangelium zu ruinieren,
Angst, ein verkehrtes Bild von Gott zu zeichnen, ohne
Kraft, ohne Leben, ohne Schönheit! Ich wünschte mir nur
noch, umzudrehen, hatte einen Kloß im Hals. Allein daran zu denken, dass wir das Evangelium durch unsere schönen Worte mehr verhüllen und um seine Kraft bringen
könnten als durch ein schlichtes Schweigen ...

Und du, was sagst du über mich?, fragt Jesus. Wir scheinen alle gleich, wir Männer der Kirche, wir vollziehen dieselben Handlungen, sagen dieselben Worte, kleiden uns
mehr oder weniger ähnlich; die Leute nehmen uns sofort
wahr als eine Institution.

Doch Jesus spricht jeden mit seinem Namen an, und die
Menschen fragen uns: „Welche Erfahrung haben *Sie* mit
Gott gemacht? Was verbinden *Sie* mit Gott?" Wie ist meine ganz persönliche Erfahrung? Wie ist das bei mir mit
dem Salz? Die Erfahrungen mit ein und demselben Glauben sind unterschiedlich, und es sind diese je eigenen Erfahrungen, die interessieren. So möchte ich hier nochmals
meine Antwort geben, mein Glaubensbekenntnis ablegen,

so gut ich das mit den mir bekannten Worten vermag: Du bist für mich das Schönste und Beste, was mir in meinem Leben widerfahren ist: Du bist gekommen und hast dem Leben Glanz verliehen.

Ich nehme die Worte christlicher Dichter zu Hilfe. Pater Turoldo, mein Freund und Lehrer, schrieb: „Christus, mein süßer Ruin, / wer könnte dich ungestraft lieben?" Ja, Jesus, du bedeutest das Ende für mein mittelmäßiges Leben, für allen falschen Frieden, für einen billigen Glauben; du bist der Ruin meiner Masken, des schönen Scheins und Selbstbetrugs. „Wer könnte dich ungestraft lieben?" – Dich lieben, das hat Konsequenzen, es hat seinen Preis: mein ganzes Leben ... Wie könnte ich dich lieben, ohne dir zumindest ein wenig ähnlich sein zu wollen, ohne mich in dich verwandeln lassen zu wollen, wie ein Same zur Blüte wird?

„Ich bin noch nicht Christus und werde es niemals sein, / ich bin / diese unendliche / Möglichkeit." – In mir ist die Möglichkeit angelegt, ihm gleichförmig zu werden. Ein Christus im Werden, noch ganz am Anfang, ganz und gar nicht fertig. Der Weg hat eben erst begonnen, aber es gibt eine Kraft, die nach oben zieht: eine grenzenlose Geduld, die uns die Möglichkeit des immer neuen Anfangs gibt.

Mein jüngster Lehrmeister in Sachen Glauben war unlängst ein Kind in meiner Mailänder Kirche: ein Junge in Begleitung seiner Großmutter; er wird etwa fünf Jahre alt gewesen sein. Die Oma ging eine Kerze anzünden, der Junge schaute sich neugierig um. Vor einem großen Kruzifix aus dem 15. Jahrhundert blieb er stehen, kam zu mir, zog an meinem Ärmel, zeigte auf den Gekreuzigten und fragte: „Wer ist denn der da?" Mir verschlug es erst die Sprache: Was sollte ich sagen? Irgendwelche Glaubensformeln? Sicher nicht. Ich beugte mich zu dem Kind herab, wir schauten uns in die Augen, und da kam mir die Antwort: „Weißt du, wer das ist? Einer, der mich sehr glücklich gemacht hat. Es ist Jesus."

Vor diesem unbekannten Kind, das mich mit großen Augen ansah und gespannt zuhörte, konnte ich meine Liebe zu Jesus aus Nazaret offen bekunden. Was immer das Kind damit anfangen mag: Mich haben diese Worte bestärkt, sie waren meine Antwort auf die Frage Jesu an die Zwölf. Ich kam mir vor wie einer von ihnen, da unten an den Jordanquellen, wie sie mit Jesus auf dem Weg nach Cäsarea Philippi waren. – Wie viele Bücher mit bedeutsamen Titeln haben wir, Bücher über den historischen Jesus, über den Christus des Glaubens, über den Juden Jesus ... Doch in keinem findet sich die Antwort auf die eigentliche Grundfrage: Was hat dieser Jesus mit meinem Leben zu tun?

Jesus Christus ist nicht das, was ich von ihm sage. Er ist der Lebendige, der mein Leben durchdringen will. Jesus Christus ist nicht das, was ich wortreich über ihn bekenne; er ist das Licht, das in mir brennen will. Die Wahrheit ist wie Feuer; wir sollen „die Wahrheit tun" – konkret, mit unseren Händen, mit Worten, die aus einem entflammten Herzen kommen.

Die Antwort auf die Frage Jesu sollte in jedem Fall ein kleines Wort enthalten: das Possessivpronomen „mein", so wie Thomas an Ostern sagte: „Mein Herr und mein Gott!" (Johannes 20,28). Mein bist du, wie mein Atem; ohne dich könnte ich nicht leben. Mein bist du, wie mein Herz; ohne dich gäbe es mich nicht.

Wenn das Vaterunser das Gebet der Jüngerinnen und Jünger ist, in dem es nie „ich" heißt, sondern immer „du, dein" bzw. „wir, unser", wenn dieses Gebet uns aus uns selber herausgehen und die Welt in den Blick nehmen lässt, so führt Jesu Frage in die andere, ebenfalls wichtige Richtung: Sie ist der Angelhaken, der nach dem Innersten meines Herzens greift. *Intimior intimo meo*, wie Augustinus in seinen „Bekenntnissen" formuliert (Confessiones III, 6,11): Gott ist mir innerlicher, als ich mir selbst bin.

Eine weitere Frage Jesu, die wir schon gestreift haben, wird in unserem Zusammenhang wichtig: „Worüber habt ihr unterwegs gesprochen?" (Markus 9,33), will er von den Jüngern wissen, die sich gefragt hatten, wer unter ihnen der Größte sei. Sobald zwei oder drei beisammen sind, steht – ausgesprochen oder nicht – die schier unausweichliche Frage im Raum, wer der Wichtigste ist, wer das Sagen hat. Ich empfinde Jesu Frage als spannende Provokation: Worüber sprechen wir eigentlich? Sprechen wir, wenn wir zusammenkommen, noch von ihm? In unseren Versammlungen, bei kirchlichen Treffen und Veranstaltungen reden wir über alles Mögliche, doch oft genug nicht von Gott.

Sind wir als Jünger Jesu, als Kirche, bemüht, die eigene Gruppe zu verteidigen, oder richtet sich das Augenmerk darauf, immer deutlicher ihn, den Herrn, zu bezeugen? Was wollen wir, was interessiert uns? Dass die Kirche in den Blick kommt, dass man von der Kirche spricht? Oder dass Jesus in den Blick kommt, dass man von ihm spricht?

Was ist unsere *Message*? Er als das einzig Absolute oder wir selbst – und dann auch noch so, als dürften wir nicht infrage gestellt werden? Hätten wir das Vermächtnis der Propheten begriffen, könnten wir uns nicht so präsentieren; wir wären nicht darauf aus, allen Raum einzunehmen; wir führten uns nicht auf wie Herren der Wahrheit, der Moral, des Gottesvolkes, als Menschen, die immer das letzte Wort haben müssen. Im Gegenteil, wir würden uns, wie Angelo Casati sagt, sehr relativ vorkommen. Relativ gegenüber wem? Gegenüber Christus. Die Kirche ist kein Absolutum. Sie ist relativ. Sie hat ihre Aufgabe in dieser Welt und Zeit. Das Reich Gottes hingegen wird nie enden.

Der Täufer Johannes hat in der Rolle des „Freundes des Bräutigams" die Hochzeit vorbereitet, um dann zur Seite zu treten. Zur Seite treten, das heißt wissen, dass uns weder die Erde gehört noch die Menschheit; wir haben ihr gegenüber weder irgendwelche Machtansprüche, noch sind wir die Mittler zwischen Gott und der Menschheit. Der wahre Mittler ist Jesus. Machen wir ihm Platz und treten wir zur Seite!

Stellen wir uns einmal eine Kirche vor, die das Wort Johannes des Täufers voll und ganz ernst nimmt: „Er, Jesus, muss wachsen, ich aber muss kleiner werden!" (Johannes 3,30). Stellen wir uns einmal vor, wie schön eine Kirche wäre, die nicht sich ins Rampenlicht stellt, sondern einen anderen! Kleiner werden ... „Der Verkündiger muss sich ganz klein machen; nur so wird die Verkündigung ganz groß" (Pater Giovanni Vannucci).

„Wer mein Jünger sein will, der verleugne sich selbst, nehme sein Kreuz auf sich und folge mir nach" (Matthäus 16,24), sagt Jesus. Wohlgemerkt: Jesus sagt nicht, wir sollten *sein* Kreuz auf uns nehmen; vielmehr soll ein jeder, eine jede das je eigene Kreuz auf sich nehmen. Gott hat *einen* großen Plan der Liebe, aber ein jeder soll seinen eigenen Weg durchlaufen, frei und kreativ, einzigartig, anders als jeder andere Weg; jeder muss und darf selber seinen Weg bahnen: Dieser Weg wurde noch nicht beschritten.

Gott träumt nicht von einem langen Zug von Männern, Frauen und Kindern mit dem Kreuz auf dem Rücken. Er träumt von einem Volk freier Menschen, die aufgebrochen sind zu einem guten, glücklichen, kreativen Leben. Einem Leben, das seinen Preis hat, das Einsatz und Durchhaltevermögen verlangt. Aber „meine Last ist leicht", sagt Jesus; es ist ein zu verkraftender Preis, und es gibt eine lichtvolle Perspektive: „Am dritten Tag werde ich auferstehen." Und wir sollen mit ihm *leben*. Sein Reich wird kommen, das Leben wird in seiner ganzen Pracht und Vielfalt erblühen.

* * *

Wer bin ich für dich?, fragt Jesus.

Für mich bist du, Jesus, *gekreuzigte Liebe*, gekreuzigte göttliche Liebe. Die Liebe hat ihre Geschichte auf den Leib dieses Jesus geschrieben, ihr Alphabet sind seine

Wunden. Die Wundmale bleiben, wie die Liebe, sie lassen sich nicht wegwischen. Jesus, du bist die verwundete Liebe, eine Liebe, die nichts vorspiegeln kann, eine Liebe, die nicht täuschen kann: Da ist jedes Spiel vorbei; da stirbt jemand aus Liebe für dich!

Jesus, du bist *entwaffnete Liebe*, entwaffnete göttliche Liebe. Nie hast du dich aufgedrängt, nie die Paläste der Mächtigen betreten, bis auf dieses eine Mal am Ende, als Gefangener. Du hast die Sanftmütigen, die Wehrlosen, die Friedfertigen, die Unbewaffneten seliggepriesen ... Diese entwaffnete Liebe ist schließlich die einzige unbesiegbare Kraft.

Jesus, du bist die *siegreiche* Liebe, siegreiche göttliche Liebe. Ostern ist der Beweis, dass nicht die Gewalt die bestimmende Größe ist, dass nicht der Tod die Geschichte im Griff hat: Ein entscheidendes Element fehlt ihm in der Rechnung, am Ende ist sein Saldo negativ. Denn du, Jesus, du, die Liebe, trägst den Sieg davon – an einem „dritten Tag", vielleicht schon morgen, vielleicht viel später, aber der Tag kommt.

Und schließlich bist du, Jesus, *unzertrennliche* Liebe, unzertrennliche göttliche Liebe. Mit Paulus können wir sagen: „Ich bin gewiss: Weder Tod noch Leben, weder Engel noch Mächte, weder Gegenwärtiges noch Zukünftiges, weder Gewalten der Höhe oder Tiefe noch irgendeine andere Kreatur können uns scheiden von der Liebe Gottes, die in Christus Jesus ist, unserem Herrn" (Römer 8,38). Nichts. Niemals. Alles ist da drinnen, für immer und ewig: ein doppeltes Absolutum; alle Kreaturen werden bemüht, alle Zeiten, der Augenblick und die Ewigkeit, um zu verdeutlichen: Von dieser Liebe kann uns nichts und niemand trennen.

Nichts wird uns je von dir trennen, Jesus, von dir, der unzertrennlichen, gekreuzigten, entwaffneten, siegreichen Liebe.

Quelle der Freude

Herr, du bist die freudige Quelle der Schöpfung,
aus dir ist die Materie hervorgegangen,
in dir wurde der Mensch mit seinem Leib geschaffen ...
Göttliches Wort, Licht in unserer Finsternis,
Leben in unserem Tod,
Ruhe in unseren Ängsten,
hilf uns glauben –
an dich und in dir an die Menschen.
Hilf uns, auf das Wesentliche zu setzen
und nicht den schönen Schein zu pflegen.
Hilf uns glauben –
an den göttlichen Samen,
der in jedem Menschenherzen auf die Auferstehung wartet;
an dein Reich, zu dem wir unterwegs sind,
an deine ständige Präsenz,
dein Mitgehen mit allem Geschaffenen.

Siehst du diese Frau?

(Lukas 7,44)

Gib mir Hoffnung, Herr,
wenn jede menschliche Hoffnung schwindet
und mir alles zu entgleiten droht.
Gib mir einen wacheren Blick
für das, was in meinem Herzen keimt und wächst.
Gib mir Hoffnung, Herr,
wenn mir das Wort abhanden gekommen ist,
um die Welt aus dem Schlaf zu reißen.
Gib mir Hoffnung, Herr,
wenn ich im letzten Tageslicht
wartend an der Schwelle stehe.
Gib mir Hoffnung, Herr,
damit die Menschen an meiner Seite
ein wenig Ruhe finden auf ihrem dornigen Weg.
Gib mir Hoffnung, Herr,
für den Weg dem Geheimnis entgegen, zitternd und still,
für die Reise übers Wasser, ganz vorn im Bug,
ohne den Meister aufzuwecken.

Gib mir Hoffnung,
du, Pilger der Ewigkeit, klarer Horizont, weiter Atem.
Und nimm mich auf nach diesem Leben,
diesem Noviziat der unendlichen Hoffnung.
(Luigi Verdi)

„Jesus ging in das Haus eines Pharisäers, der ihn zum Essen eingeladen hatte, und legte sich zu Tisch. Als nun eine Sünderin, die in der Stadt lebte, erfuhr, dass er im Haus des Pharisäers bei Tisch war, kam sie mit einem Alabastergefäß voll wohlriechendem Öl und trat von hinten an ihn heran. Dabei weinte sie und ihre Tränen fielen auf seine Füße. Sie trocknete seine Füße mit ihrem Haar, küsste sie und salbte sie mit dem Öl.

Als der Pharisäer, der ihn eingeladen hatte, das sah, dachte er: Wenn er wirklich ein Prophet wäre, müsste er wissen, was das für eine Frau ist, von der er sich berühren lässt; er wüsste, dass sie eine Sünderin ist. Da wandte sich Jesus an ihn und sagte: ‚Simon, ich möchte dir etwas sagen.' Er erwiderte: ‚Sprich, Meister!'

(Jesus sagte:) ‚Ein Geldverleiher hatte zwei Schuldner; der eine war ihm fünfhundert Denare schuldig, der andere fünfzig. Als sie ihre Schulden nicht bezahlen konnten, erließ er sie beiden. Wer von ihnen wird ihn nun mehr lieben?' Simon antwortete: ‚Ich nehme an, der, dem er mehr erlassen hat.' Jesus sagte zu ihm: ‚Du hast recht.' Dann wandte er sich der Frau zu und sagte zu Simon: ‚Siehst du diese Frau? Als ich in dein Haus kam, hast du mir kein

Wasser zum Waschen der Füße gegeben; sie aber hat ihre Tränen über meinen Füßen vergossen und sie mit ihrem Haar abgetrocknet. Du hast mir (zur Begrüßung) keinen Kuss gegeben; sie aber hat mir, seit ich hier bin, unaufhörlich die Füße geküsst. Du hast mir nicht das Haar mit Öl gesalbt; sie aber hat mir mit ihrem wohlriechenden Öl die Füße gesalbt. Deshalb sage ich dir: Ihr sind ihre vielen Sünden vergeben, weil sie (mir) so viel Liebe gezeigt hat. Wem aber nur wenig vergeben wird, der zeigt auch nur wenig Liebe'" (Lukas 7,36–47).

Im Haus Simons, des Pharisäers, kommt es zu einem überraschend verlaufenden Konflikt; da treffen der Fromme und die Prostituierte aufeinander, der Einflussreiche und die Namenlose, das Gesetz und das Duftöl, die Regel und die Liebe. Schwester Maria von der franziskanischen Einsiedelei Campello sul Clitunno pflegte ihren Mitschwestern zu sagen, sie sollten sich nicht an die Regel halten, wenn diese im Widerspruch zur Liebe stehe, „denn unsere einzige Regel ist die Liebe".

Das Duftöl, die Prostituierte, die Zärtlichkeit gewinnen: Wohl nur das Evangelium kann einen so endenden Konflikt als beispielhaft präsentieren!

Eine Frau betritt die Bühne; ihr Name ist „die Sünderin". Alle nennen sie so, bis auf Jesus. Für ihn ist sie die Frau, der vergeben ist, die Frau, die viel geliebt hat. Sie kommt mit einem Gefäß voll wohlriechendem Öl, nicht mit der entsprechenden Summe für die Armen, aber auch nicht mit leeren Händen. Sie kommt nicht mit schönen Worten, sondern mit all ihrem Mut und ihrer Leidenschaft als Frau. Sie kommt mit einer Mischung aus Parfum und Tränen und lässt ihr Herz sprechen mit der Sprache ihrer zärtlichen Gesten. Unser Leib ist ja der Raum, in dem sich das Herz aussagt, „eine göttliche Abkürzung" (Jean-Pierre Sonnet).

Die Erzählung spricht alle fünf Sinne an: das Sehen, Hören, Riechen, Tasten und Schmecken; es ist ein Geschmack von Tränen und geküsster Haut. Eine Seite voller ungewöhnlicher Wörter, die der Liturgie eher fremd sind: Frau, Haus, Tränen, Duftöl, Haare, Füße, Küsse.

Da sind die Füße Jesu, der hier am häufigsten genannte Teil des Körpers, der unterste, der erdverbundenste, der am weitesten vom Himmel entfernte, dem in der Regel keine besondere Beachtung geschenkt wird: müde Füße voller Staub.

Die Frau nimmt Jesu Füße in ihre Hände. Sie weiß, was ihm jetzt gut tut. Und sie hält sich an keine Konventionen, sie bricht die üblichen Regeln, sie handelt ohne jedes Kalkül. Sie benimmt sich bei dem Gastmahl so regelwidrig wie auch sonst in ihrem Leben. Simon, der es sieht, kann nur sagen: „Wenn er wirklich ein Prophet wäre, müsste er wissen, was das für eine Frau ist, von der er sich berühren lässt; er wüsste, dass sie eine Sünderin ist!"

Der Fehler des Simon liegt in seinem urteilenden Blick; in einem einzigen Satz spricht er gleich eine doppelte Verurteilung aus: Jesus ist ein falscher Prophet, und die Frau ist für ihn erledigt, eine „Sünderin" (womit alles gesagt ist; ähnlich ist es, wenn jemand als „Aussätziger" stigmatisiert wird).

Jesus wirbt unermüdlich für einen anderen Blick auf die Menschen, auf *jeden* Menschen: einen nicht verurteilenden, einen einschließenden, hineinnehmenden, barmherzigen Blick. Verallgemeinerungen lehnt er grundsätzlich ab. Auch den Simon steckt er nicht in die Schublade „Pharisäer", er sieht ihn als Einzelnen, als *diesen* Menschen. Einen Menschen, der Aufmerksamkeit verdient und dem ein Gespräch zusteht.

Der Fehler des Simon liegt darin, dass er in die Mitte der Beziehung zwischen Gott und Mensch die Sünde stellt, die in seinem Verständnis von Religion eine Schlüsselrolle spielt. Sogar die Prophetie ordnet er in sein Schema ein: „Wenn Jesus wirklich ein Prophet wäre ..." Es ist der Fehler der Moralisten jeder Epoche ... Auch die Apostel waren nicht davor gefeit, wie ihre Frage zeigt, als sie einem Blindgeborenen begegnen: „Wer hat gesündigt? Er selbst? Oder haben seine Eltern gesündigt, sodass er blind geboren wurde?" (Johannes 9,2). Jesus zögert keinen Augenblick, er geht sofort auf Distanz zu solchem Denken. Er ist *kein* Moralist: Er stellt den einzelnen Menschen in seinem Personsein ins Zentrum, den Einzelnen mit seinen Tränen und seinem Lächeln, mit dem, was ihm wehtut, und dem, was ihn freut – und nicht das Gesetz.

Das Evangelium ist nicht moralistisch. Wenn wir uns hineinvertiefen in diese feurigen, lichtvollen Seiten, merken wir schnell, dass da öfter von Armen als von Sündern die Rede ist. Adam ist primär ein Armer, erst dann ist er auch ein Sünder; wir sind schwach, zerbrechlich, wir haben so manche Träne im Gepäck, sind gefangen in tausend Grenzen – und dann sind wir, gewiss, auch noch schuldig.

Wir haben aus dem Evangelium eine Morallehre gemacht. Am Anfang war es nicht so: „Das Evangelium ist keine Moral, sondern eine überwältigende Befreiung", wie Giovanni Vannucci es in einer bereits zitierten Formulierung ausdrückt. Das Evangelium holt uns aus dem Paradigma „Sünde" heraus, um uns in ein anderes hineinzuführen: Nicht „Sünde" heißt das grundlegende Muster, sondern „Fülle", „Leben in Fülle".

In diese Richtung zielen die Wunder Jesu: Er will die Integrität des Menschen wiederherstellen, ihm sein ganzes, volles Menschsein zurückgeben. Der Blinde von Jericho, Bartimäus (Markus 10,46–52), die zehn Aussätzigen aus Samaria (Lukas 17,11–19), all jene, die das erste, das menschlichste, das evangeliumsgemäßeste Gebet ausstoßen: *Kyrie, eleison* – Erbarme dich, Herr!, sie alle bitten nicht um Vergebung ihrer Schuld, sie schreien ihren Schmerz heraus: Erbarme dich dieser erloschenen Augen, dieser entstellten Haut, dieses Körpers, der nicht mehr mitmacht! *Kyrie, eleison*! Hab doch Erbarmen, Herr! Erweise dich als Mutter, komm, bleib da, leg deine Hand dorthin, wo es wehtut!

„Simon, siehst du diese Frau?" – Simon, der Moralist, schaut, aber er *sieht* nicht, er sieht nicht die Frau, sondern nur eine Geschichte von Sünden und Gesetzesübertretungen. Er sieht nicht *diese* Frau, sondern hat die Frau in ihrer

Vergangenheit vor Augen, das, was sie getan hat. Jesus dagegen sieht die große Liebe, die sie heute zeigt, und die Liebe, die sie morgen geben kann.

Siehst du diese Frau? Sieh doch, wie sie von Gott erfüllt ist: Sie hat Gott im Blut! – Jesus verkennt nicht, wer sie ist, er tut auch nicht so, als wüsste er von nichts. Er nimmt sie auf. Sie kann einfach zu ihm kommen, mit ihren Verletzungen. Mit diesem Funken Licht, den sie im Herzen hat.

Er empfängt sie, und was er ihr sagt, ist von göttlicher Schönheit: Komm, Tochter, dein Wunsch nach Liebe war schon Liebe. Komm, Tochter! Und wenn du eine Träumerin sein solltest oder eine, die sich „herumgetrieben hat", was soll es: Komm! Und wenn du tausend Mal deine Versprechen gebrochen hast: Komm! Komm, trotz allem, komm. Mit den Gesten, zu denen du imstande bist, mit deinen Schätzen, mögen sie auch in tönernen Gefäßen sein, komm! Komm, und dann machen wir uns wieder auf den Weg.

Eine Erzählung der Wüstenväter handelt von zwei Mönchen, die in die Stadt hinuntergehen, um ihre in Handarbeit gefertigten Waren zu verkaufen: Körbe, Schnüre, Matten mit eingeflochtenen Palmblättern. Auf dem Markt trennen sie sich. Sie tätigen ihre kleinen Geschäfte und treffen sich danach wie verabredet am Stadttor. Da sagt der eine: „Bruder, ich werde nicht mit dir zurück ins Kloster gehen." – „Aber warum? Was ist passiert?" – „Während wir getrennt waren, habe ich ein Freudenhaus betreten und gesündigt. Ich bin nicht mehr würdig, ins

Kloster zurückzukehren." Da schaut ihn der andere an und sagt: „Bruder, auch ich bin in Sünde gefallen. Kehren wir zusammen zurück ins Kloster, tun wir miteinander Buße, und helfen wir uns gegenseitig, den Weg zum Leben wiederzufinden."

In Wahrheit hatte er sich nichts zuschulden kommen lassen, doch er hatte so viel Respekt und Achtung vor dem anderen, dass er ihn nicht verurteilen wollte, sondern alles unternahm, um in Gemeinschaft mit ihm zu bleiben.

Im Mittelpunkt des Gastmahls hätte eigentlich Simon, der fromme, einflussreiche Gastgeber, stehen müssen, doch den zentralen Platz nimmt die Frau ein. Wer, wenn nicht Jesus könnte eine solche Veränderung der Blickrichtung bewirken? Er lenkt das Augenmerk auf „die Letzten", er gibt denen Raum, die von allen verachtet werden. Und er lenkt den Blick weg von der Sünde der Frau hin auf die Schritte, die Simon machen muss. Er verunsichert ihn, bringt ihn aus der Fassung, wie er es später auch mit den Anklägern der Ehebrecherin im Tempel gemacht hat (vgl. Johannes 8,2–11). Jesus durchbricht die üblichen Abläufe, er schafft eine Zäsur, eine Pause, die zum Nachdenken und Innehalten nötigt: Sein Gegenüber, Simon, kommt nicht umhin, sich infrage stellen zu lassen. Vielleicht verfährt Jesus so auch mit uns. „Siehst du diese Frau?" Wenn man mich das jetzt hier und heute fragen würde, müsste ich antworten: Nein, Herr, hier sehe ich nur Männer!

Normal ist das nicht, geben wir es ruhig zu. Wir sollten zur Kenntnis nehmen, dass da ein Defizit besteht. Dass etwas fehlt. Es entspricht nicht der menschlichen Wirklichkeit.

Im Evangelium finden wir ein anderes Bild, Jesu Gefolgschaft sah anders aus: Viele Frauen folgten ihm und unterstützten ihn mit dem, was sie hatten (vgl. Lukas 8,2f). Und bei uns? Was macht uns solche Angst, dass wir von der Frau, dass wir von den Frauen eher Abstand halten?

Jesus legte eine souveräne Gleichgültigkeit gegenüber dem Geschlecht eines Menschen an den Tag; er hat die Menschen nicht in Kategorien eingeteilt. Und ich glaube, dass auch der Heilige Geist seine Gaben austeilt, ohne auf das Geschlecht eines Menschen zu schauen.

Die Frauen haben uns, wenn wir aufmerksam hinsehen, viel und Wichtiges zu sagen. „Man müsste sich fragen, ob den Frauen auch in den kirchlichen Institutionen das zugestanden wird, was ihnen im Mönchtum zugestanden wird, das von jeher den Frauen die Möglichkeit der Leitung, der Predigt, der lehrhaften Verkündigung und der geistlichen Leitung gegeben hat" (Enzo Bianchi).

„Siehst du diese Frau?" Während Jesus den Simon befragt, gibt er der Frau alle Freiheit, zu tun, was sie spürt; während der ganzen Zeit, in der er ein Gleichnis erzählt, lässt er sie gewähren. Seit sie gekommen ist, hat sie nicht aufgehört, ihm die Füße zu küssen. So außergewöhnlich frei und befreiend agiert Jesus. Wir hätten ihn gestoppt.

Ähnlich wie in dieser Szene hat sich Jesus in Betanien verhalten, als Maria mit kostbarem Öl seine Füße salbte und mit ihrem Haar trocknete. Auf den Einwurf des Judas

sagt er: „Lass sie!" (vgl. Johannes 12,1–8). Lass sie!? –
Wenn auch wir das sagen könnten!

Von Roberto Benigni stammt dieses wunderbare Zitat:
„Passt gut auf, dass ihr eine Frau nicht zum Weinen bringt;
denn Gott zählt ihre Tränen. Die Frau ist aus der Rippe
des Menschen hervorgegangen; nicht aus den Füßen, sodass der Mann auf ihr herumtrampeln könnte; nicht aus
dem Kopf, damit sie überlegen wäre; sondern aus der Seite,
um gleichrangig zu sein. Ein klein wenig unterhalb des
Arms, um geschützt zu werden; aus der Seite, wo das Herz
ist, um geliebt zu werden."

Betrachten wir die Szene im Haus des Pharisäers einmal
aus der Perspektive der Frau. Was hat sie dazu bewogen,
diesen Saal zu betreten? Mitten hinein zu gehen, während
wieder einmal alle Blicke voller Verachtung auf sie gerichtet waren? Was fand sie an diesem Jesus, dass sie sich so
mutig über alle Konventionen hinwegsetzte? Sie muss eine
außerordentlich starke Motivation gehabt haben!

Offenkundig hat sie Jesus so tief verstanden, dass sie sich
sicher war: Er würde sie nicht wegschicken! Johannes und
Jakobus ging es um Machtpositionen, sie wollten zur Rechten und zur Linken Jesu sitzen. Diese Frau hingegen setzt
sich ihm zu Füßen: Sie hat wesentlich mehr begriffen. Die
Frau hat die befreiende Kraft Jesu erfasst: Er kann sie aus
allen Kategorisierungen herausholen, er gibt ihr, „der Sünderin", ihren Namen zurück, für ihn ist sie „die, die viel
geliebt hat".

Eigentlich wäre es nicht schwer gewesen, Jesus zu verstehen. Für die Priester, die Pharisäer, die Schriftgelehrten war es aber sehr wohl schwierig. Leichter fiel es den Frauen, den Unterdrückten, den „Letzten". Wäre das schön, wenn es immer noch so wäre: sofort von den Armen verstanden zu werden! Und von den Frauen. Ein vor Kurzem in Italien erschienenes Buch trägt den Titel „La fuga delle quarantenni" (Die Flucht der 40-jährigen Frauen), gemeint ist die Flucht aus der Kirche: Viele Frauen nehmen Abstand von verschlossenen, patriarchalischen Strukturen. Auch wenn die Kirche als solche nie frauenfeindlich war, Kirchenmänner waren es oft sehr wohl.

Eine andere Frage Jesu hilft, die Szene noch tiefer zu verstehen. Im Anschluss an die Beispielerzählung von dem Geldverleiher, der zwei Schuldnern ihre unterschiedlich große Schulden erlässt, fragt Jesus: „Wer von ihnen wird ihn mehr lieben?" – Der entscheidende Punkt ist für Jesus also nicht, wer vor dem Gesetz gerechter ist. Simon war gewiss ein aufrichtiger, gerechter Mann. Es geht nicht darum, wer weniger gesündigt hat, sondern wer mehr liebt!

Wer liebt, der ist jenem Gott ähnlich, der sagt: „Liebe will ich, nicht Opfer" (Hosea 6,6). Es ist eines der großartigsten Worte, das Gott hier durch den Mund des Propheten ausspricht: „Liebe will ich!" Auf den Waagschalen Gottes werden nicht die Sünden gewogen, sondern die Liebe; die Waage ist auf die Liebe geeicht.

Jesus lobt die Frau, weil sie viel Liebe gezeigt hat. Ihre zärtlichen Gesten erschienen „skandalös", voll ungezähmter Leidenschaft. Nur zu Hause löste eine Frau ihr Haar, im intimen Raum der Liebe. Hier tut die Frau es, weil sie Jesus, weil sie Gott ganz tief erfasst hat, weil sie weiß, dass er Liebe ist. Sie wird zur Prophetin; sie, die Prostituierte und Hosea, sagen miteinander das große Gotteswort: „Liebe will ich!"

Wir sind eingeladen, mit den Augen Jesu zu sehen, auf die Welt zu schauen wie er … – mit Augen, die da, wo andere nur Sünde sehen, die Liebe erahnen; mit Augen, die den guten Weizen auf dem Feld in den Blick nehmen, während andere nur beängstigend wucherndes Unkraut wahrnehmen … Wünschelrutengänger auf der Suche nach Liebe sollen wir werden, Goldsucher, Menschen, denen der Schatz wichtiger ist als das tönerne Gefäß, das ihn enthält.

Mit neuen Augen sehen, mit Jesu Augen. Ihn interessiert nicht, was war; er legt eine souveräne Gleichgültigkeit gegenüber der sündigen Vergangenheit eines Menschen an den Tag, er schaut nach vorn, er sieht den Frühling kommen und erblickt mitten in unserem Winter schon die ersten Knospen.

Johann Baptist Metz hat auf einen bemerkenswerten Punkt aufmerksam gemacht: Er stellt fest, dass der Blick Jesu in den Evangelien nie auf die Sünde eines Menschen gerichtet ist, sondern immer auf sein Leid und auf das, was er braucht. Um zu helfen.

Die Blicke der Schriftgelehrten und Pharisäer sind auf die Sünde fixiert, daher ihre heftigen Reaktionen, ihre

Wut und Gewalt. Der Blick Jesu ruht auf der Schwachheit, auf dem Leid und der Not; sein Blick führt nie zur Gewalt.

Wir leben in einer Zeit unabsehbarer Entwicklungen; an vielen Punkten gibt es Risse und Abbrüche, so manches wird zerstört, anderes entsteht neu. Entweder hat man heute einen prophetischen Blick oder man ist blind. Ein klein wenig von einem Propheten aber findet sich in den verborgenen Winkeln jeder menschlichen Existenz, wie Abraham Joshua Heschel es einmal ausdrückte. Und wir werden umso mehr eine prophetische Sicht der Dinge haben, je tiefer wir mit Gott verbunden sind, anders gesagt: in dem Maße, wie wir Mystiker sind, Menschen mit einer Gotteserfahrung. „Der Christ der Zukunft wird ein Mystiker sein. Einer, der etwas erfahren hat, oder er wird nicht mehr sein" (Karl Rahner).

Jesu Blick ist prophetisch und poetisch, von göttlicher *poiesis*, voller schöpferischer Freiheit und Kraft: In Simon, dem Fischer, sieht er bereits Kephas (= Petrus, den Fels); in Johannes und Jakobus sieht er *boanerges*, „Donnersöhne"; in Maria aus Magdala, der Frau mit sieben Dämonen (vgl. Lukas 8,2), sieht er schon die Apostolin der Apostel; in den Fischern am See erahnt er ein Potenzial, das kein anderer wahrgenommen hat. Jesus hat es verstanden, dieses Potenzial herauskommen zu lassen, so wie ein Instrument zum Klingen kommt, wenn es gespielt wird. Und Jesus hat, um im Bild zu bleiben, den „Instrumenten" großartige Klänge entlockt.

Er vermeidet dabei jene vermeintliche Höflichkeit, die nur so tut, als sehe sie die Fehler und Wunden nicht; er nimmt uns so, wie wir sind, mit den Spuren, die das Leben hinterlassen hat, mit allem, was wir mitbringen, auch mit unserer Vergangenheit. All das ist ihm willkommen, er nimmt und bearbeitet es wie ein Töpfer, der ein gesprungenes Tongefäß wiederherstellt. Wir können ihm vertrauensvoll alles geben, was wir haben. Verbergen wir also nicht unsere Schwäche und Schwachheiten, sondern bauen wir auf ihnen auf! Das Schlechteste und Schlimmste, das wir haben, kann zum Besten, zum Wertvollsten werden. Unsere Wunden und Verwundungen können helfen, die Wunden anderer zu heilen. Im Übrigen gründet Heiligkeit nicht auf erloschener, sondern auf bekehrter Leidenschaft.

Jesus drängt der Frau nicht eine ganz bestimmte Art zu lieben auf, sondern akzeptiert *ihre* Art, so wie sie es kennt und kann; er flieht nicht einmal vor Gesten, die falsch gedeutet werden könnten. Und so hinterlässt er seiner Kirche mit der Erinnerung an diese Gesten die freudige Verpflichtung, ihrerseits nicht stets gebremst, steif und kalt zu agieren, bloß weil sie mögliche Missverständnisse und Zweideutigkeiten fürchtet.

„Siehst du diese Frau?" – Lernen wir von dieser Frau, die Jesus selbst uns als Lehrmeisterin präsentiert! Lernen wir eine Liebe „mit Herz und Hand". Virtuelle Liebe gibt es nicht.

Wenn wir einmal voller Schwung und wie beflügelt sind, bremsen wir uns oft selber ein. Wir unterdrücken die Freude über eine Begegnung und verhalten uns steif und hart, wir scheuen uns womöglich vor einer herzlichen Umarmung und haben Angst vor ungezwungenen Beziehungen.

Jesus stellt die Frage, wer von den beiden Schuldnern mehr lieben wird. – Der, dem viel vergeben worden ist! Gott kommt uns mit seiner Vergebung zuvor, er vergibt im Voraus, *vor* der Bekehrung. Diese Zeitspanne zwischen dem Schuldigwerden und der Bekehrung ist *die* Zeit der Barmherzigkeit.

Die große Vergebung ist nicht die Frucht der großen Liebe, die die Frau jetzt zeigt. Vergeben wird ihr nicht deshalb, weil sie Salböl vergossen, ihre Haare gelöst und Tränen vergossen hat; es ist umgekehrt: Sie hat Jesus die Füße geküsst, weil sie gespürt hat, dass sie angenommen ist, dass ihre Schuld vergeben ist und ihr Leben heil wird.

Sie ist nicht ins Haus getreten, um Vergebung zu erlangen oder sich bei einem ganz besonderen Rabbi beliebt zu machen, sondern sie ist eingetreten in die Gedanken Gottes, in die Tiefe seines Erbarmens – und so preist sie ihn mit dem, was sie hat, und wie sie es vermag, mit Gesten ihres Körpers; die Sinne werden zur „göttlichen Tastatur", der Körper zur „Kathedrale der Liebe" (David Maria Turoldo).

Die Vergebung ist die Ursache der Liebe. Auch die muslimische Mystikerin Rabi'a (8. Jh.) hat dies intuiert. Einem Mann, der sie fragte: „Ich habe viele Sünden begangen; wenn ich es bereue, wird Gott mir vergeben?", gab sie zur Antwort: „Nein, du wirst es bereuen, wenn Er dir vergibt."

Die Frau hat Jesus so beeindruckt, dass er sie nicht vergessen hat: Beim letzten Abendmahl hat er die Geste der unbekannten liebenden Sünderin wiederholt und seinen Jüngern die Füße gewaschen und getrocknet. Es ist großartig und bewegend: Jesus, unser Herr und Gott, ahmt die Gesten dieser Frau nach, er, der Gerechte, macht sich eine Geste zu eigen, die eine Sünderin ihm erwiesen hat. Der Mensch und Gott bedienen sich derselben Zeichen, der Schöpfer und das Geschöpf treffen sich auf dem Boden der erfinderischen Liebe. Die Liebe ist das Göttliche in uns. Wenn der Mensch liebt, vollzieht er göttliche Gesten, wenn Gott liebt, vollzieht er menschliche Gesten – mit einem Herzen aus Fleisch.

Bei Jesus fallen Sehen und Handeln ineins. Bei Simon fielen Sehen und Urteilen ineins. Uns Beichtvätern passiert es so leicht, dass wir nicht die Menschen sehen, nicht die Einzelnen mit ihren Bedürfnissen und Tränen, sondern die eingehaltene oder übertretene Norm. Wir laufen Gefahr, zu verallgemeinern, zu katalogisieren und zu klassifizieren. Auf diese Weise geben wir der *sklerokardía*, der Herzenshärte, Nahrung. Es ist die Krankheit, die Jesus am meisten fürchtete. Sie macht einen Menschen zu einem Regelwerksbürokraten und Analphabeten des Herzens. Wer von dieser Krankheit befallen ist, begegnet nicht dem Leben, sondern nur den eigenen Vorurteilen.

Simon, sagt Jesus, sieh doch: Sie liebt, sie zeigt ganz viel Liebe! – Ihr Tun hat die Priorität vor ihrem (Sünderin-) Sein, das Verb zählt mehr als das Substantiv, das Verhalten mehr als die Logik des Gesetzes: Sie lebt die Liebe, die sie im Herzen hat, sie hält sie nicht zurück, sondern zelebriert sie geradezu. Diese Frau stellt Jesus dem weisen Simon als Lehrmeisterin vor Augen.

Wer weiß, ob sie nicht bei Jesus geblieben ist: als eine der Frauen, „die er von bösen Geistern und von Krankheiten geheilt hatte" und die nun als Jüngerinnen mit ihm zogen, wie Lukas schreibt, Frauen, die Jesus und die Jünger „mit dem unterstützten, was sie besaßen" (8,2f), „starke und stolze Frauen, schön, von strahlender Schönheit" (Marina Marcolini).

Lernen wir von dieser Jüngerin, aufzuatmen und tief durchzuatmen, lernen wir, mit einer einzigen aus dem Herzen kommenden Geste allen traurigen Ballast kleinlichen Aufrechnens zu verbrennen.

Wenn Jesus mit Frauen spricht, dann spricht er mitten ins Herz. „Geh, ruf deinen Mann und komm wieder her" (Johannes 4,16), sagt er zu der samaritischen Frau am Brunnen. Unter den Frauen hatte Jesus keine Feinde. Er hat ihre Sprache gesprochen, eine Sprache voller Gefühle, eine Sprache, aus der die Sehnsucht spricht und das Verlangen nach einem Fundament, auf dem man leben kann.

Bei dem Gastmahl im Hause des Simon zeigt Gott uns ein neues Gesicht: das der Freiheit, das einer großen Nähe. Es ist das Antlitz eines Gottes, der das Duftöl liebt, das in keinem Gesetz vorgeschrieben ist, das über Gebote und Verbote hinausgeht, über das „ich darf und darf nicht". Es ist das Antlitz eines Gottes, der nicht mehr sagt: „Du musst!", sondern weit mehr: „Du kannst! Du kannst mit deinem ganzen Herzen lieben, mit ganzer Seele, mit all deinen Gedanken und all deiner Kraft ..., mit einer Liebe voll wohlriechendem Duftöl." Es ist das Antlitz eines Gottes, der die Küsse und die Zärtlichkeit liebt, weil der Leib mit seiner Sprache der Ort ist, wo das Herz zum Vorschein kommt und aufblüht. Der Camaldolensermönch Benedetto Calati pflegte zu sagen, dass Gott wie ein Kuss sei. „Die Zärtlichkeit Gottes ist wie ein Kuss auf die Erde gefallen."

Jene Frau hätte wie so viele andere Vergebung erbitten können. Doch nein, sie „erfindet" eine Geste, mit der sie uns zu verstehen gibt, wie Gott ist, wie wir ihn sehen dürfen. Er ist ein Gott im Zeichen festlicher Freude. Der Gott, an den ich glaube, ist der Gott der Hochzeit von Kana, ein Gott des Festes, der freudig tanzenden Liebe, ein glücklicher Gott, der für den Wein sorgt; er ist ein Gott, der das wohlriechende Salböl von Betanien liebt; ein Gott, der die Liebe zu einem Ort macht, wo Wunder geschehen, ein Rabbi, der die Festmähler liebt, der die Armen glücklich macht; ein glücklicher Gott, der Freude am Leben und Glauben schenkt. Mein Gott ist der Gott des Duftöls, der Gott von Kana.

Ein klares, reines Herz

Herr, gib unseren Augen dein Licht,
unserem Leib deine Vitalität.
Hülle unsere Vergangenheit in deine Barmherzigkeit
und die Gegenwart in deinen Frieden.
Lass auf ewig nicht untergehen,
was wir an Schönem im Herzen tragen.

Du kamst in unser Leben
wie ein Licht in der Dunkelheit,
wie eine Blume in der Wüste;
hilf uns, hindurchzusehen durch den Schleier
von Misserfolgen und Niederlagen.
Gib uns ein ungetrübtes, reines Herz,
das den Himmel offen sieht,
und die Augen von Kindern,
die voller Vertrauen und Neugier
die Welt betrachten,
frei von der Macht der Gewohnheit.

Auch in schier ausweglosen Prüfungen
und angesichts scheinbar umsonst vergossener Tränen,
wenn wir keinen Weg erkennen und kein Ziel,
wenn uns der düstere Gedanke befällt,
unser Weg ende im Nichts, auch da:
Zeuge du Zukunft, deine Zukunft,
säe du den Samen, der im dunklen Erdreich
auf den Weckruf des Frühlings wartet.

Gib uns klar sehende Augen,
damit wir die Freuden in unserem Leben erkennen:
nicht als flüchtige, dem Leben abzuringende Momente,
nicht als etwas, das uns zusteht,
sondern als Geschenk,
das uns ein dankbares Loblied aufs Leben anstimmen lässt,
als Geschenk, das wir mit anderen teilen können.

Herr, erhelle mit deinem Licht
den Horizont unseres Lebens,
schenke uns ein großzügiges Herz, öffne unsere Hände
und gib, dass unser Leben neu entbrennt.

Wie viele Brote habt ihr?

(Markus 6,38)

Gib, o Herr, dass wir in Freiheit unsere Wege gehen,
vom Morgen bis zum Abend.
Deine freien Kinder sind wir –
warum sollten wir uns mühen
um Reichtum, Ehre und Macht wie die Großen?
Haben oder verlieren
können wir Brot und Gold,
doch unser Herz bleibt gelassen und stark;
furchtlos gehen wir unseren Weg
in der Kraft deines Geistes, eines Geistes der Freiheit,
und neue Lieder werden wir singen
im Namen der ganzen Schöpfung.
Unser Reichtum ist dein Mysterium:
unser Herz ist geworfen
über alles hinaus in göttliche Weiten.

(Giovanni Vannucci)

„Gegen Abend kamen seine Jünger zu ihm und sagten: ‚Der Ort ist abgelegen und es ist schon spät. Schick sie [= die vielen Leute] weg, damit sie in die umliegenden Gehöfte und Dörfer gehen und sich etwas zu essen kaufen können.‘

Er erwiderte: ‚Gebt ihr ihnen zu essen!‘

Sie sagten zu ihm: ‚Sollen wir weggehen, für zweihundert Denare Brot kaufen und es ihnen geben, damit sie zu essen haben?‘

Er sagte zu ihnen: ‚Wie viele Brote habt ihr? Geht und seht nach!‘

Sie sahen nach und berichteten: ‚Fünf Brote und außerdem zwei Fische.‘

Dann befahl er ihnen, den Leuten zu sagen, sie sollten sich in Gruppen ins grüne Gras setzen. Und sie setzten sich in Gruppen zu hundert und zu fünfzig. Darauf nahm er die fünf Brote und die zwei Fische, blickte zum Himmel auf, sprach den Lobpreis, brach die Brote und gab sie den Jüngern, damit sie sie an die Leute austeilten. Auch die zwei Fische ließ er unter allen verteilen. Und alle aßen und wurden satt.

Als die Jünger die Reste der Brote und auch der Fische einsammelten, wurden zwölf Körbe voll. Es waren fünftausend Männer, die von den Broten gegessen hatten" (Markus 6,35–44).

Einem Hungernden erscheine Gott allein in Form von Brot, schrieb Mahatma Gandhi einmal. Nicht in Form von Worten: Das Leben beginnt mit dem Hunger. Lebendig sein heißt Hunger haben.

So gut kennt die Bibel die Erfahrung des Hungers, dass sie Gott als den bezeichnet, „der allen Geschöpfen Nahrung gibt" (Psalm 136,25); es ist gleichsam einer seiner Namen. „Gott ernährt seine Kinder", schreibt Marina Marcolini, „und er bittet sie, ihrerseits wie ‚Ammen' anderen Menschen nach seinem Bild und Vorbild zu trinken zu geben." Was von Gott im Indikativ gesagt wird, das werde in der Bibel zum Imperativ für die Menschen, stellte Gerhard von Rad fest. „Seid heilig, weil ich heilig bin", spricht Gott (Levitikus 11,44; vgl. 1 Petrus 1,16).

Das Brotwunder wird in den Evangelien nicht weniger als sechs Mal erzählt, öfter als jedes andere Zeichen Jesu. Es ist ein kraftvolles Zeichen. Brot ist etwas Heiliges, vom Brot leben wir. Und dass der Mensch lebe, steht im Gesetz ganz oben – bei Gott und bei den Menschen. Auch in der Kirche. Das wird oft nicht gesehen: Manch einem erscheint sie als eine Institution, die seit Jahrhunderten immer das Gleiche sagt und tut; als eine Zentrale, die Gefolgschaft erwartet; als eine moralische Rating-Agentur, die das Verhalten der Menschen beurteilt ... In Wahrheit ist sie eine Mutter, die das Leben in jeder Form schützt; die denen, die hungern, Brot gibt und in denen, die bereits satt sind, wenn sie materielles Brot bekommen haben, den Hunger nach Höherem weckt.

Ich sehe, wie die Kirche lebt, und meine Gedanken gehen zurück an meine Mutter, wie ich sie beobachtet und
von ihr gelernt habe: meinen Namen – und wie man sich
anderen Menschen gegenüber verhält ... Ich sehe, wie die
Kirche lebt, und ich wünsche mir, eine Mutter zu sehen,
eine Mutter mit Händen voller Brot! Wenn ein Armer zu
uns nach Hause kam, rief meine Mutter meinen kleinen
Bruder und mich, damit wir etwas zu essen aus dem
Schrank holten und es ihm gäben; unterdessen betete der
Arme an der Tür für die Lebenden und Verstorbenen des
Hauses ... Das Zeichen des Brotes kann Worte überflüssig
machen.

Die Szene im Markusevangelium ist wie ein Bild für die
Kirche: Jesus, die Jünger und die Menge, alle zusammen,
mit etwas, das weitergereicht wird, von Hand zu Hand,
etwas, das sie zusammenhält und leben lässt. Dieses Etwas
sind nicht Lehren oder Vorschriften, es ist das Brot, es ist
das Mitfühlen mit dem andern, das Tat wird: zwei Güter
göttlichen Ursprungs.

Achten wir einmal darauf, wie sich der Dialog zwischen
den Jüngern und Jesus entwickelt: „Meister, schick sie weg,
damit sie Brot kaufen können." – „Gebt ihr ihnen zu essen." – „Sollen wir weggehen und für zweihundert Denare
Brot kaufen?" Jesus entgegnet: „Wie viele Brote habt ihr?"
Sie gehen, schauen nach, wie viel sie haben. Dann kommen
sie zurück und berichten: „Fünf Brote und zwei Fische."

„Wie viele Brote habt ihr?", will Jesus wissen. Er will keine vorschnelle Antwort. Zuerst einmal sollen sie sich ver-

gewissern, was vorhanden ist. Jesus ist sehr konkret; er hat Sinn fürs Praktische. „Sie sahen nach und berichteten", schreibt Markus. Sie nennen Jesus exakte Zahlen: fünf Brote, zwei Fische.

Dieses Verifizieren der Ressourcen ist auch heute von denen verlangt, die Jesus nachfolgen. Auch von den Verantwortlichen in der Kirche: Wie viel hast du? Wie viel Geld, wie viel Vermögen, wie viele Häuser, wie viele Angestellte? Wie ist euer Lebensstandard? Geht, seht nach, überprüft, was ihr habt! Wie viele Autos? Wie viele Schmuckstücke in Gestalt von Brustkreuzen, Ringen, Kelchen?

Die Kirche darf keine Angst vor Transparenz haben, keine Angst vor einer klaren Auskunft über ihre Brote und Fische und Konten. Transparenz macht wahrhaftig, und Wahrhaftigkeit macht frei.

Ich liebe diesen Jesus ... Er ist eine leuchtende Ikone der Freiheit. Er hat sich von keinem kaufen lassen, er hat wie gesagt keinen Palast betreten, nur jenes eine Mal: als Gefangener. Mutig wie ein Held konnte er sein und feinfühlig wie ein Verliebter; transparent war er immer.

Es ist kein Geheimnis, dass wir zu Lügnern werden, wenn wir käuflich sind oder angstgesteuert agieren. Und in unserer Unwahrhaftigkeit sind wir nicht mehr wir selbst.

Wie viel haben wir? – Wenn wir da etwas verschleiern oder uns hinter ausweichenden Antworten verstecken, führt das zu einem wachsenden Vertrauens- und Glaubwürdigkeitsverlust. Dass Kleriker am Geld hängen, schadet dem Gottesvolk erheblich. Was am meisten schmerzt, ja richtigen Zorn auslöst, das sind die Missbrauchsfälle und der Umgang von manchen im Klerus mit dem Geld. Das heilige Volk Gottes wünscht sich eine transparente Gemeinschaft im Zeichen des „geteilten Brotes".

Viel haben die Jünger nicht, lediglich fünf Brote und zwei Fische. Es würde kaum für sie selber reichen. Es ist wenig, aber es wird alles zur Verfügung gestellt. Alles, was wir haben und besitzen, soll zum „Sakrament" der Gemeinschaft und Teilhabe werden. Dafür ist der Mensch gemacht; wir sind geschaffen, um zu geben. Und zwar freudig und von Herzen. Wenn wir nicht geben, befällt uns langsam, aber sicher eine tiefe Traurigkeit.

„Lieben" wird im Evangelium immer wieder mit diesem anderen Verb erklärt: dem kurzen, einfachen, trockenen, konkreten Wort *geben*. „Gott hat die Welt so sehr geliebt, dass er seinen einzigen Sohn (hin)gab" (Johannes 3,16); „Es gibt keine größere Liebe, als wenn einer sein Leben für seine Freunde gibt" (Johannes 15,13).

Jeder Mensch, ob groß oder klein, muss geben, damit es ihm gut geht. Und zwar das Beste, was er hat und vermag. Es ist ein Gesetz des Kosmos, der Schöpfung; denn Gott selber handelt so.

Ich sehe Ordensgemeinschaften, die in der derzeitigen betrüblichen und verunsichernden Berufungskrise ihre Sicherheit vor allem darin zu suchen scheinen, dass sie ihre Besitzstände wahren und die Finanzen regeln; viel Energie wird in die Verwaltung der Güter und in die Suche nach Beratern gesteckt ... – als ob *dadurch* die eigene Zukunft gesichert werden könnte! „Ihr Narren, euer Leben hängt doch nicht von eurem Besitz ab", würde Jesus sagen (vgl. Lukas 12,16–21).

Die Jünger gehen, schauen nach, wie viel sie haben und stellen die fünf Brote und die zwei Fische zur Verfügung. Das entspricht dem Geist der Bibel; bei Kohelet heißt es: „Wirf dein Brot auf die Wasserfläche; so wirst du es in vielen Tagen finden" (11,1). Kohelet, der ernüchterte Weise, gibt hier einen Rat, der allem widerspricht, was wir für vernünftig halten. Das Brot aufs Wasser werfen, wo wir nicht einmal wissen, wohin es treibt? Unseren Besitz der Welt anbieten, unsere Talente einfach so zur Verfügung stellen?! – Welche Art von Brot du auch hast, leg es aufs Wasser, stell es anderen zur Verfügung, damit es verteilt werden kann; es soll allen gleichermaßen dienen können! Ein sonderbarer Rat.

An jenem Abend, an dem er sich in die Fluten der Welt und der Geschichte hineinbegab und sich seinen wankelmütigen Jüngern schenkte, nahm Jesus Brot: „Das ist mein Leib!"

Warum soll man der Einladung Kohelets folgen? Seine Antwort könnte man auch so wiedergeben: Weil ihr das Brot dann an vielen Tagen wiederfindet! Eure Gabe kommt viele Male und auf vielfache Weise zu euch zurück, im Überfluss, hundertfach. Das ist die geheimnisvolle göttliche Ökonomie, die großartige Ökonomie des Gebens und des Hundertfachen (vgl. Markus 10,30), die unsere Berechnungen sprengt.

Biete dein Brot an, öffne die Hand, die festhalten will, um geben zu können. Mach es wie die sich öffnende Knospe, wie der aufbrechende Same, wie die Wolke, die sich ausregnet über dem dürren Land. „Gebt, dann wird auch euch gegeben werden. In reichem, vollem, gehäuftem, überfließendem Maß wird man euch beschenken" (Lukas 6,38). Was Jesus hier sagt, macht Mut: Die „Logik des Gebens" wird recht behalten!

Am Ende des Lebens wird die entscheidende Frage lauten: Was habt ihr gegeben? Haben wir den Menschen Brot (im wörtlichen wie im übertragenen Sinn) gegeben? Oder haben wir nichts „aufs Wasser geworfen"? Ja, die Frage geht noch weiter; denn das Letzte, das Äußerste ist noch etwas anderes, als dem Hungernden unser Brot zu geben; das Letzte, das Äußerste ist: selbst Brot zu werden, ein gutes Stück Brot für andere ... Wie Jesus, der sich selbst für alle hingegeben hat. Vom Geben, vom Sich-selber-Geben, davon hängt unser Leben ab, nicht von unserem Besitz.

Nur fünf Brote. Nur fünf Steine legte David für den Kampf gegen Goliath in seine Hirtentasche. Die Erzählung ist aufschlussreich: „Saul zog David seine Rüstung an; er setzte ihm einen bronzenen Helm auf den Kopf und legte ihm seinen Panzer an, und über der Rüstung hängte er ihm sein Schwert um. David versuchte (in der Rüstung) zu gehen, aber er war es nicht gewohnt. Darum sagte er zu Saul: Ich kann in diesen Sachen nicht gehen, ich bin nicht daran gewöhnt. Und er legte sie wieder ab, nahm seinen Stock in die Hand, suchte sich fünf glatte Steine aus dem Bach und legte sie in die Hirtentasche, die er bei sich hatte … Die Schleuder in der Hand, ging er auf den Philister zu" (1 Samuel 17,38–40).

Wie David mit der Rüstung geht es auch uns. Wie er müssten wir sagen: Ich kann mit all diesen Dingen, die ich mit mir herumtrage, nicht gehen; ich komme nicht vorwärts! – Wir können nicht die Nachfolge Jesu antreten, wir finden keinen Weg in die Zukunft mit allem, was wir mit uns herumschleppen.

David legt kurzerhand die Rüstung ab. Welche Befreiung! Er macht sich frei von dem, was ihn am Gehen hindert, nicht aus Freude am Verzicht, sondern weil er diesen Ballast loswerden will. Sein Entschluss ist keine Askese, sondern wie das Beschneiden einer Pflanze: Werden die überflüssigen Triebe abgeschnitten, wird sie besser gedeihen … – Wenn mein Vater zum Beschneiden der Reben in den Weinberg ging, sagte er mir öfter: „Weißt du, was der Weinstock dem Winzer sagt? Er sagt: ‚Mach mich arm, dann mache ich dich reich!' Hab keine Angst, kräftig zu beschneiden; der Weinstock wird mehr tragen." Wenn wir uns um Armut bemühen, dann nicht aus missverstandener Askese oder um ein Opfer zu bringen; es geht vielmehr um ein Mehr an Leben und einen Gewinn an Freiheit. Da, wo die Rebe beschnitten wird, tritt etwas Flüssigkeit aus, ein kleiner Tropfen, der in der Sonne glänzt: ein Symbol der sich schenkenden Liebe. Als ich meinen Bruder einmal bat: „Franco, sag mir doch mal, wie man richtig beschneidet!" Er antwortete: „Das kann man nicht lehren, das muss man sehen." So ist es mit Gott. Wir können ihn nicht „lehren", wir können ihn *sehen lassen* – durch unser Leben. Ihn sichtbar werden lassen in unseren Augen; ihn nahebringen mit unseren Händen. Gott kann und will nicht bewiesen werden; sichtbar will er werden.

In der Vita des Mönchvaters Antonius erzählt Athanasius von drei Mönchen, die sich jedes Jahr zu Antonius begaben. Einer wollte wissen, wie man gute und schlechte Gedanken unterscheidet, den zweiten interessierte die Frage nach dem Seelenheil, der dritte aber schwieg, Jahr für Jahr. Irgendwann wollte Antonius wissen, warum. Die Antwort: „Weil es mir genügt, dich zu sehen, Vater." Antonius war so sehr vom Wort Gottes durchdrungen, dass er selber von Gott sprach. Das Wort Gottes und das Gebet prägen einen Menschen, das Evangelium und die Kontemplation verwandeln ihn; Gott ist in ihm so präsent, dass es in seinem Tun und Denken widerscheint und der Leib selbst ein „sichtbares Sprechen" wird. Das Wort Gottes braucht immer auch einen greifbaren, sichtbaren Ausdruck, einen „Grundstock an Inkarnation", um glaubwürdig zu sein. Es braucht Menschen, Zeugen, griechisch: *martyres*. Es braucht Priester, Ordenschristen, Frauen und Männer, Väter und Mütter, Junge und Alte, um Gehör finden zu können; es muss sich inkarnieren, muss Gestalt finden in sprechenden Gesten, in einem Lächeln, in Tränen, im gebrochenen und ausgeteilten Brot. Wahr ist das Wort, das Fleisch und Blut wird.

„Mir genügt es, dich zu sehen": eine großartige Antwort. Das genügt dem Mönch, um zu verstehen, dass Gott da ist, dass er Licht ist: Er ist Gott begegnet in Antonius, in dem, was dieser ausstrahlte – durch seine leuchtenden Augen, durch sein Tun und Reden, durch sein Herz.

Ich komme nochmals zu David zurück. Er legte die Rüstung ab. „Was nicht dient, belastet", sagte Mutter Teresa. Aller Überfluss lastet auf der Seele. Jesus fragt seine Jünger: „Als ich euch ohne Geldbeutel aussandte, ohne Vorratstasche und ohne Schuhe, habt ihr da etwa Not gelitten?" (Lukas 22,35). Nein, keineswegs haben sie Not gelitten! Und wir? Vertrauen wir bis ins Letzte? Wir sind nicht wie der junge David, der Speer und Schild weglegt und die Rüstung auszieht, um frei und unbelastet gehen zu können. Doch wir könnten es! Wir könnten ohne unnötigen Ballast weitergehen, unbeschwert auf den hellen Etappen und mit großem Vertrauen auf den Pfaden in der Dunkelheit; wir könnten „mit fünf Steinen aus dem Bach" den Kampf mit dem Feind aufnehmen, wir könnten mit „fünf Broten" den Hunger, der so viele Namen trägt, stillen.

Fünf Brote, zwei Fische, fünftausend Männer (die Frauen und Kinder nicht mitgezählt). Das Evangelium unterstreicht, dass das Wenige, was wir haben, in gar keinem Verhältnis zu dem Hunger der Menge steht. Aber gerade dadurch wird die Erzählung zu einer Ermutigung für uns, die wir vor gewaltigen Herausforderungen stehen, man denke nur an die immense Zahl von Menschen, die immer noch in Armut leben.

Was kann ich schon tun? Ich habe doch nur fünf Bro-
te. – Jesus interessiert nicht die Zahl, ihn interessiert das
Herz: Er bittet seine Jüngerinnen und Jünger, zu teilen.
Auch wenn es nur ein paar Bissen sind.

„Der Christ ist berufen, der Welt – mehr als Brot – Sauerteig zu liefern" (Miguel de Unamuno), den Sauerteig des
Teilhaben-Lassens und der Gemeinschaft; den Sauerteig
des Evangeliums – und damit den Hunger nach dem Himmel, nach einer anderen Welt; Hände, die Brot bringen;
den Kampf gegen unheilvolle „Saaten", die sich unseres
Herzens bemächtigen wollen.

Als die durchaus praktisch denkenden Jünger Jesus vor-
schlagen, die Menschen fortzuschicken, damit sie Brot
kaufen, lässt Jesus sich nicht darauf ein. Er schickt die
Menschen nicht weg. Mich fasziniert dieser Jesus, der alle
bei sich haben möchte und keinen abweist. Auch essen will
er zusammen mit ihnen. Dieser Jesus zeigt ein weibliches
Antlitz Gottes: einen Gott, der wie eine Mutter den Kindern zu essen geben will. Wie oft finden wir in den Evangelien Jesus zu Tisch mit anderen. Er hatte offenbar Freude
an solcher Tischgemeinschaft. So sehr, dass er das gemeinsame Mahl zum Symbol für sein ganzes Leben gemacht
hat: Wenn ich fortgehe und euch nicht mehr das Brot geben, es brechen und austeilen kann, dann könnt ihr euch
versammeln, und ich gebe mich euch selbst zur Speise, zur
Nahrung im heiligen Brot.

Jesus ist der Hauptakteur: Er lädt ein, Platz zu nehmen,
er nimmt das Brot, segnet es und reicht es ..., aber er betei-
ligt auch die Jünger und bittet sie um ihre Mitarbeit. Um-

so größer ist die Freude in dieser ganz besonderen Essens-
ausgabe mit dem Himmel als Dach und dem See als
Kulisse, in der die Jünger mithelfen, den Hunger der Leute
zu stillen ... Die Jünger hatten zu Jesus gesagt, er solle die
Menschen wegschicken, damit sie Brot kaufen; *er* hat ihnen geantwortet: „Gebt ihr ihnen zu essen." Von „Kaufen"
reden die Apostel, Jesus von „Geben".

„Gib uns", beten wir. Ein Imperativ, den der Herr zu-
rückgibt: Ja, er gibt, er sagt uns aber auch: Gebt auch ihr
täglich euer Brot, gebt es weiter.

Wir pflegen uns an Gott zu wenden, damit er die Brote
und Fische vermehre; er wendet sich an uns mit der Frage,
wie viel wir haben und zur Verfügung stellen können. Der
Herr bezieht uns ein; fünf plus zwei kleine Dinge, von uns
gebracht, werden zum Samen eines maßlosen Wunders ...
Das Wunder ist das Brot, das von einer Hand zur nächsten
gereicht wird. Im Teilen wird es mehr. Hätte einer nichts
weitergegeben, sondern alles für sich behalten, wäre es vorbei gewesen, das Brot wäre ausgegangen, der Traum zer-
platzt. Es ist ein geheimnisvolles göttliches Gesetz: Wenn
mein Brot *unser* Brot wird, dann genügt das Wenige. Hunger entsteht, wenn ich mein Brot für mich allein haben
will. Wenn der satte Westen sein Brot, seinen Reichtum
für sich behält.

Um eine Verwandlung geht es: „Brot für mich ist etwas
Materielles; Brot für die Schwester, für den Bruder ist ein
spirituelles Geschehen" (Nikolaj Berdjaev).

Größere Dinge als er würden sie vollbringen, hat Jesus zu
seinen Jüngern und so auch zu uns gesagt (vgl. Johan-

nes 14,12): Er hat 5000 gespeist; wir haben eine ganze Welt vor uns, die darauf wartet, dass ihr Hunger gestillt wird. Alle könnten satt werden; es ist genug für alle da. Vonnöten ist keine Vermehrung, sondern Teilen, angefangen bei uns selbst. Nicht auf wundersame Vermehrungen sollen wir hoffen, sondern den Kampf aufnehmen gegen den Goliath der Nahrungsmittelverschwendung und der Kumulierung des Vermögens in den Händen weniger.

Das Wunder sind die fünf Brote und zwei Fische, welche die entstehende Kirche voll Vertrauen Christus in die Hände legt, ohne Berechnungen, ohne etwas für sich zurückzuhalten. Es ist wenig, doch es ist alles, was sie hat; es ist ein Tropfen im Meer, aber darin liegt eine große Kraft: Lebenssinn, Hoffnung!

Manchmal kommt es mir vor, als befänden wir uns in einer großen Wüste: Hunger, Gewalt, Unterdrückung, Gleichgültigkeit; ich bin versucht, aufzugeben und mich dem allen zu entziehen: Es ist zu viel für mich; was soll das bisschen bringen, das ich zu geben habe? Dann heißt es, der Versuchung nicht nachzugeben: Ich werde fortfahren, eine kleine Oase des Friedens inmitten der Wüste zu pflanzen. Und wenn es nur eine einzige Palme ist: Wenn andere es auch tun, wenn viele andere es tun, werden es schließlich Tausende sein, und die Wüste wird zurückgedrängt. „Der Fluss beginnt mit dem ersten Tropfen Wasser, die Nacht mit dem ersten Stern, die Liebe mit dem ersten Blick" (Promo Mazzolari). Mit der Tat des barmherzigen Samariters beginnt die neue Welt … Auf Müllwagen in Mailand las ich neulich die Aufschrift: „Sei du die Veränderung, die du in der Welt sehen willst" (Mahatma Gandhi). – Wir laufen Gefahr, viel von Liebe zu reden und sie dann an andere zu delegieren. Sein, was wir von anderen verlangen, das wäre ein gutes Motto.

In einem Gedicht des Peruaners Manuel Scorza Torres heißt es: „Es genügt, dass ein Mensch träumt, / und ein ganzes Volk duftet nach Schmetterlingen ..." Wenn wir von Brot für alle träumen, merkt man uns diesen Traum an; er hat etwas vom Duft des Evangeliums. Ja, *ein* Mensch muss anfangen zu träumen und seinen Traum zu leben, auch in der Kirche.

Wenn ich mein Brot zur Verfügung stelle und einem Hungrigen zu essen gebe, ändere ich noch nicht die Welt und die ungerechten Strukturen. Aber ich impfe der Welt den Gedanken ein, dass der Hunger und das Unrecht nicht unbesiegbar sind; dass der Hunger der anderen mich in die Pflicht nimmt; dass keiner einen Menschen abschieben darf, der bedürftig ist; dass es nichts gibt, was dem Menschen mehr entspräche als ein solidarisches Teilen.

Der Traum

Lasst uns staunend aufs Leben blicken: Wir leben!
Voller Leben ist alle Welt!
Den Händen des Vaters entströmt es
unaufhörlich, unbegrenzt.
Im härtesten Stein träumt Gott seinen Traum –
und selbst der Stein wird lebendig.
In den Tiefen der Erde träumt Gott seinen Traum –
und sie grünt und bringt Früchte hervor.
Im Herzen der Menschen träumt Gott seinen Traum –
und sie umgeben sich mit Liebe und Zärtlichkeit.
Herr, der Traum, der uns heute antreibt,
ist deine Zukunft – sie ruft uns! –,
dein Leben in immer neuer, unausdenkbarer Gestalt.
Lenke unser Herz zu Neuem hin,
immer mehr und immer wieder,
du Grenzenloser,
lade es in deine Bleibe, du, der du keine Bleibe hast.
Öffne unsere Augen für jeden neuen Morgen.
Immer jenseits,
immer jenseits ist dein Zelt:
Dein unendlicher Weg sei auch der unsere, o Herr!

(Giovanni Vannucci)

Frau, wo sind sie?
Hat dich keiner verurteilt?

(Johannes 8,10)

Deine Liebe ist Öl auf meine Wunden,
die Angst und Schwäche geschlagen haben,
Schwärmerei und flüchtige Leidenschaft.
Deine Liebe ist Öl auf meine Wunden,
die aufgerissen wurden durch unreife Entscheidungen,
durch Ziele ohne Weisheit,
durch Emotionen ohne Liebe.
Deine Liebe ist Öl auf meine Wunden,
die ich nicht mehr verbergen muss,
weil sich über meine Abgründe die Güte gebreitet hat.
Deine Liebe ist Öl auf meine Wunden,
Öl, das mein Herz entflammt, und duftender Balsam.
Singen will ich dir ein neues Lied!

(Luigi Verdi)

„Da brachten die Schriftgelehrten und die Pharisäer eine Frau, die beim Ehebruch ertappt worden war. Sie stellten sie in die Mitte und sagten zu ihm: ,Meister, diese Frau wurde beim Ehebruch auf frischer Tat ertappt. Mose hat uns im Gesetz vorgeschrieben, solche Frauen zu steinigen. Nun, was sagst du?'

Mit dieser Frage wollten sie ihn auf die Probe stellen, um einen Grund zu haben, ihn zu verklagen. Jesus aber bückte sich und schrieb mit dem Finger auf die Erde. Als sie hartnäckig weiterfragten, richtete er sich auf und sagte zu ihnen: ,Wer von euch ohne Sünde ist, werfe als Erster einen Stein auf sie.'

Und er bückte sich wieder und schrieb auf die Erde. Als sie seine Antwort gehört hatten, ging einer nach dem anderen fort, zuerst die Ältesten. Jesus blieb allein zurück mit der Frau, die noch in der Mitte stand. Er richtete sich auf und sagte zu ihr: ,Frau, wo sind sie geblieben? Hat dich keiner verurteilt?'

Sie antwortete: ,Keiner, Herr.'

Da sagte Jesus zu ihr: ,Auch ich verurteile dich nicht. Geh und sündige von jetzt an nicht mehr!'" (Johannes 8,3–11).

Frau, wo sind sie geblieben?" – Wo sind all jene, die so gern andere anklagen und sich an ihren Fehlern ergötzen, die sich für groß halten und es nötig haben, andere niederzumachen, die mit dem Finger auf andere zeigen (vgl. Jesaja 58,9), wo sind sie alle? „Hat dich keiner verurteilt?" Keiner. Auch nicht ein Einziger von denen, die meinen, die Wahrheit zu retten, wenn sie die Irrenden steinigen. Keiner von denen, die meinen, Gott die Ehre zu geben, wenn sie die „verlorenen Söhne" (oder Töchter) entfernen. Keiner von denen, die aus der Wahrheit ein festes System gemacht haben, mit dem sich die Scheiterhaufen rechtfertigen lassen.

Meine Wahrheit gegen deine Wahrheit, das ist der Anfang der Kriege. Nicht nur zwischen Nationen, sondern auch in kirchlichen Institutionen, in Klöstern und Konventen, in Büros und Ämtern, überall dort, wo man einen Text, die Regel, die Konstitutionen oder gar das Evangelium wie einen Stein in Hand nimmt, um einem anderen einen Schlag zu versetzen oder ihn zu steinigen.

Der Abschnitt über die Ehebrecherin aus dem 8. Kapitel des Johannesevangeliums ist so skandalös und konfliktträchtig, dass ihn jahrhundertelang keine christliche Gemeinschaft gewollt hat. Die meisten alten Textzeugen haben ihn ignoriert, in vielen Handschriften wie auch bei vielen Kirchenvätern kommt er nicht vor. Die Barmherzigkeit Gottes wurde als anstößig empfunden: Könnte sie nicht als Freibrief zum Sündigen verstanden werden?! Der heilige Augustinus ist ausdrücklich auf dieses Thema eingegangen; er schreibt, Kleingläubige hätten die Seite gestrichen, weil sie fürchteten, ihre Frauen könnten daraus die Erlaubnis zu unreinem Verhalten ableiten. Erst auf dem Konzil von Trient hat der Abschnitt die volle Anerkennung als kanonischer Text erhalten.

Der Text nimmt uns mit hinein in einen der zentralen Konflikte zwischen Jesus und den religiösen Institutionen seiner Zeit. Da ging es um Fragen wie: Was zählt mehr, der Sabbat oder der Mensch? Die Person oder das Gesetz? In diesem Fall: Muss diese Frau nicht sterben? Ist das nicht so in der Heiligen Schrift angeordnet? Jesus ignoriert den Hinweis. Aber kann denn irgendetwas anderes wichtiger sein als das Wort Gottes?!

Simone Weil schreibt: „Das Gesetz über den Menschen zu stellen, ist das Wesen der Gotteslästerung."

Jesus stellt eine ungeheuerliche Behauptung auf: Nicht alles, was im Gesetz geschrieben steht, ist göttlichen Ursprungs; manchmal spiegelt es auch ein hartes Herz wider. So sagt er zu den Schriftgelehrten: „Nur weil ihr so hartherzig seid, hat Mose euch erlaubt, eure Frauen aus der Ehe zu entlassen" (Matthäus 19,8; vgl. Markus 10,5). Die Bibel ist nichts Magisches, sondern sie verlangt Herz und Verstand. Jesus verweigert sich einer Buchstabentreue, um dem Geist der Heiligen Schrift treu zu sein; er nimmt auch uns an der Hand und lehrt uns, das Gewissen und den Verstand zu Rate zu ziehen.

In einem der *Agrapha* Jesu, überlieferten Worten, die sich nicht im Neuen Testament finden, aber teilweise auf ihn zurückgehen könnten, heißt es, wer wisse, was er tut, sei gesegnet; wer es nicht wisse, sei ein Gesetzesbrecher (so eine im *Codex Bezae* zwischen Lukas 6,5 und 6,6 eingefügte Stelle) ... – Nicht auf die äußerliche Beachtung des Gesetzes kommt es an; es geht um seine „Erfüllung". Und diesbezüglich stellt Jesus zwei Aspekte heraus: zum einen die Bedeutung des Herzens (es ist schlimm, schlecht vom anderen zu denken und ihn einen gottlosen Narren zu nennen; vgl. Matthäus 5,22), zum anderen den Vorrang der Person (der Mensch ist nicht für den Sabbat da, sondern umgekehrt).

„Die Schriftgelehrten und die Pharisäer [brachten] eine Frau ... [und] stellten sie in die Mitte." – Die junge Frau, die als Vorwand dient, wird nicht als Mensch behandelt, sondern wie eine Sache, die man packt und hinstellt, wo man will.

Sie stellen sie „in die Mitte", nicht weil es ihnen um die Frau gegangen wäre, sondern weil es ihnen um die Sünde geht. Für sie dreht sich in der Beziehung zu Gott alles um die Sünde. Die „Sünderin" in der Mitte – und rundherum lauter Männer, die bereit sind zu töten, die Blicke auf sie gerichtet, wohl kalte, fast krankhafte Blicke, die ihr die Würde nehmen. Die Frau hat keinen Namen, sie steht für alle Bedrängten und Unterdrückten – unterdrückt durch Männer, die ihre Macht ausspielen und Gericht halten, und unterdrückt durch eine religiöse Institution, durch eine religiöse Vorschrift: Mose hat geboten, solche Leute zu töten ... Macht – mit dem Beigeschmack des Todes. Sie zögern nicht, das Leben dieser Frau und auch die Religion zu missbrauchen, um einen anderen zu eliminieren: Jesus. Sie wollen Gott verteidigen, indem sie den Menschen töten; sie stellen Gott gegen den Menschen, das Schlimmste, was passieren kann: Es ist die Tragödie des religiösen Fundamentalismus.

Das Geniale am Christentum ist, dass Gott und Mensch nicht mehr gegeneinander stehen; Materie und Geist umarmen sich. Sie berühren sich, sind zuinnerst verbunden. Es ist das Mysterium der Inkarnation, ein Geheimnis, das fortdauert.

„Das Gesetz hat uns vorgeschrieben, solche Frauen zu steinigen!", sagen sie. Man spürt die Geringschätzung. „Und was sagst du dazu?" – Die Frau und das Gesetz sind nur ein Vorwand: „Mit dieser Frage wollten sie ihn auf die Probe stellen, um einen Grund zu haben, ihn zu verklagen." Da sie Jesus kannten, rechneten sie damit, dass er die Steinigung nicht gutheißen würde. Die Falle wäre zugeschnappt: Sie hätten ihn als Frevler und Gotteslästerer angeklagt.

Jesu Reaktion wird meisterhaft eingeführt. „Jesus aber bückte sich und schrieb mit dem Finger auf die Erde." Zuerst einmal heißt es: abwarten, Zeit gewinnen. Jesus provoziert die Gruppe der Ankläger nicht offen, das hätte ihre Wut nur vergrößert. Er schafft eine Pause, einen Moment des Innehaltens.

Auch uns lädt er ein, ähnlich zu verfahren, wenn wir Gefahr laufen, uns inmitten von Angriffen und heftigen Attacken anstecken und mitreißen zu lassen. Zuerst einmal: Schweigen, Zeit, zu sich zu kommen und nachzudenken.

Jesus bückt sich, die Augen nach unten gerichtet, wie von heiliger Scham ergriffen angesichts der Behandlung dieser Frau, die da in der Mitte steht. Wer weiß, ob er daran denkt, dass es ihm eines Tages ähnlich ergehen wird: Auch ihn werden sie ergreifen, abführen, anklagen, aller Würde berauben ...

Er beugt sich nieder und beginnt zu schreiben; was, das wird nicht gesagt. Er schreibt irgendwelche Zeichen aufs Pflaster; der Akzent liegt auf dem Schreiben an sich; gleich zweimal wird es erwähnt (Verse 6 und 8). Es gibt Dinge, die Gott wieder und wieder schreibt, und euch gelingt es immer noch nicht zu verstehen, scheint er zu sagen. Gottes Wort ist nicht verstummt. Der Finger Gottes, der auf die Steintafeln am Sinai schrieb, schreibt weiter; die Offenbarung ist nicht abgeschlossen: Es ist, als würde Jesus sagen: Ich bin gekommen als das noch nie vernommene Wort des Vaters, als die „Erzählung" von seinem Antlitz der Liebe.

Dann richtet sich Jesus auf. Jetzt geht er die Gericht Haltenden direkt an, aus seinen Worten spricht die ganze Empörung über ihre Scheinheiligkeit. An keiner Stelle im Evangelium sehen wir Jesus über die Schwachheit der Menschen schimpfen. Was ihn empört, das ist die Scheinheiligkeit der Frommen und der Mächtigen ... – und die Krankheit, die daraus erwächst: die Herzenshärte, die *sklerokardia*. Keine „religiöse Krankheit" fürchtet und bekämpft er so sehr wie das versteinerte Herz.

„Wer von euch ohne Sünde ist, werfe als Erster einen Stein auf sie." Wenige Worte, aber so einschneidend, dass ihre Heuchlerei in sich zusammenbricht. Jesus hat recht; dem, was er sagt, können sie auch als theologische Experten nichts entgegensetzen. Wen von euch träfe nicht ein ähnliches Urteil, wenn ihr diese Frau verurteilen wollt? Keiner kann einen Stein in die Hand nehmen, ohne sich selbst zu treffen. – Jesus stützt sich nicht auf abstrakte theologische Argumente, sondern auf die Lebenswirklichkeit.

Auch wenn ein Mensch einen Fehler begeht, bleibt er als Person heilig, seine Würde ist immer und unter allen Umständen unantastbar. Vor jedem Menschen haben wir „die Schuhe auszuziehen", wie Mose es vor dem brennenden Dornbusch tat (vgl. Exodus 3,5). Einen Menschen – ob schuldig oder nicht – zu verletzen, sei es durch Steine oder durch Macht, ist eine Verleugnung Gottes, der auch in diesem Menschen wohnt; auch er ist ein Tempel Gottes. Dieser Leib, der so schwach und erbärmlich sein kann und zugleich etwas so Großes ist, in dem wir schlimmen Schmerz und überschwängliche Freude empfinden, dieser Leib ist das Sakrament der Gemeinschaft mit allem, was lebt, unser Brückenkopf ins Leben.

Alle gehen fort, „zuerst die Ältesten". Die Anklage ist zum Bumerang geworden, sie schlägt gegen die Heuchelei der Richter zurück. „Zuerst die Ältesten", das meint nicht die Betagtesten, sondern die Bedeutendsten, die Ehrwürdigen, die Angesehensten. Sie alle gehen: die Funktionäre, die sich in den Normen auskennen und sich als Analphabeten entpuppen, wenn es heißt, im Herzen Gottes zu lesen; die Experten, die alle Dekrete kennen, nicht aber das Herz des Menschen. Beim hl. Ambrosius gibt es eine, so finde ich, sehr schöne und hilfreiche Stelle: „Wo das Erbarmen ist, da ist Gott; wo Härte und Strenge herrschen, mögen vielleicht die Diener Gottes sein, nicht aber Gott."

Schweigen hat sich breitgemacht. Jesus bleibt „allein zurück mit der Frau". Er richtet sich vor der Ehebrecherin auf, wie man es tut, wenn eine wichtige Person eintrifft.

Voller Respekt schaut er ihr in die Augen und spricht zu ihr. Noch keiner hatte mit ihr gesprochen: Sie, ihre Geschichte, ihre inneren Nöte interessierten nicht.

„Frau, wo sind sie geblieben? Hat dich keiner verurteilt?" Ja, wo sind sie? Hier ist kein Platz für Menschen, die Steine auf andere werfen und sie unter ihren Steinen begraben. – Jesus will, dass sie verschwinden. Wie die Ankläger damals das Weite gesucht haben, so sollen sie sich auch heute aus dem Kreis seiner Freunde, aus den Vorhöfen des Tempels, aus den Kirchenschiffen, aus den Zimmern der Macht verziehen. Hüten wir uns davor, Brüder und Schwestern, Kollegen und Freunde vor Gericht zu bringen oder gleichsam auf die Schulbank zu setzen und uns selbst als Richter oder Lehrmeister aufzuspielen.

Jesus richtet sich voller Achtung vor der Frau auf, bekundet ihr seine Nähe und spricht mit ihr. Er nennt sie „Frau", mit demselben Wort, mit dem er seine Mutter angesprochen hat. Sie ist nicht mehr die herbeigezerrte Sünderin, sondern eine Frau. Jesus nimmt sie wahr in ihrer Einzigartigkeit, er fühlt sich ein in das, was sie bewegt. Auf keine andere Weise können wir das rechte Gleichgewicht finden zwischen der Regel und dem Mitleid. Wir müssen uns hineinversetzen in den konkreten Menschen, den wir vor uns haben, uns hineinvertiefen in seine Lebensgeschichte – und nicht in bestimmte Vorstellungen oder Normen. Aus solcher Nähe, in der Einfühlung in die menschliche Schwachheit und Zerbrechlichkeit werden wir etwas lernen: dass die Schwäche eine Lehrmeisterin der Menschlichkeit ist.

Ein aufmerksamer Blick in die Geschichte zeigt, dass sich der eigentliche Grad an Zivilisation und das Niveau eines Volkes darin erweisen, wie sie mit den Schwächsten, mit den Menschen mit einer Behinderung, mit Außenseitern, Ausgestoßenen und Verachteten umgehen. Und nicht darin, dass die Starken und Mächtigen irgendwelche „große Taten" vollbracht haben.

Menschen dürfen keine Angst haben, dass ihre Verwundbarkeit und Schwäche von anderen ausgenutzt wird. Wir sind schließlich alle schwach. Leonardo da Vinci hat darauf hingewiesen, dass der Halbbogen die architektonisch instabilste Form ist – er hält nicht; doch zwei Halbbögen aneinander bilden einen äußerst robusten Bogen. Ich bin so schwach, dass ich immer einen anderen brauche; ich bin auf Liebe angewiesen. Wenn wir uns in unserer Schwäche gegenseitig stützen, dann können wir sehr viel tragen.

„Hat dich keiner verurteilt? Auch ich verurteile dich nicht." – Jetzt schreibt Jesus nicht mehr auf den Boden, sondern mitten hinein ins Herz dieser Frau, und das Wort, das er schreibt, heißt: Zukunft. Schlagartig gehört die Frau ihrer eigenen Zukunft, sie kann da sein für geliebte Menschen, sie kann ihren Träumen nachgehen.

Die Frau hat nicht um Vergebung gebeten. Sie fürchtet um ihr Leben. Ein Mensch in Todesangst – sollte das nicht reichen?! Für den Herrn ist das mehr als genug; denn Gott will, dass jedes seiner Kinder lebe. Das steht ganz oben. Jesus verlangt nicht von der Frau, dass sie bereut, ihn interessiert nicht, ob sie Gewissensbisse hat. Gewissensbisse und Reue binden einen noch an die eigene Vergangenheit. Gottes Vergebung aber ist ein kreativer Akt: Er öffnet Wege, bringt dich dahin, wo es weitergeht, er hilft dir, einen Schritt nach vorn zu machen. Gott gibt dir Zukunft.

Vergebung, das bedeutet also nicht: Schwamm über die Vergehen der Vergangenheit! Vergebung ist mehr: ein Windstoß ins Segel meines Lebensbootes, Rückenwind auf dem Weg in die Zukunft.

Es mag schon überraschen, dass die Bibel nicht verlangt, dass die Sünde ausgerottet wird, sondern dass man sie bekennt; die einzige Voraussetzung für die Vergebung ist das lautere, aufrichtige Herz (vgl. Psalm 51,8). Jesus geht noch weiter. Wir sind gewohnt zu denken, dass Gott uns vergibt, weil wir etwas bereuen. In Wirklichkeit gelingt uns dies aber nur, wenn wir spüren, dass Gott uns in seine Arme schließt. Wir meinen, dem Herrn zu begegnen sei der Lohn für ein gutes Leben; doch es ist die Begegnung mit ihm, die mein Leben gut macht. Das verlorene Schaf begegnet nicht deshalb dem Hirten, weil es umgekehrt und zum Schafstall zurückgekehrt wäre, sondern weil der Hirte es gesucht, gefunden und auf die Schulter genommen hat, als es noch weit weg und ganz verloren war.

Jesus, unser Herr, vergibt ohne Vorbedingungen, ohne Klauseln, ohne Gegenleistungen. Wer einer solchen bedingungslosen Liebe begegnet, kann selbst ein bedingunglos liebender Mensch werden.

„Auch ich verurteile dich nicht." – Im Mittelpunkt der Erzählung steht nicht die Sünde, weder als zu verurteilende noch als zu vergebende. Ins Zentrum gehört nicht das Schlechte, das Böse, sondern ein Gott, der größer ist als unser Herz; ein Gott, der den Ehebruch nicht legitimiert und die Schuld nicht banalisiert, der aber Zukunft schenkt und es uns ermöglicht, von der Stelle aus, wo wir stehengeblieben sind, aufzubrechen und weiterzugehen.

Jesus geht es nicht darum, Schuldgefühle hervorzurufen; er will, dass Menschen aufatmen können. Auch ich soll mich nicht in Anschuldigungen und Schuldgefühlen ergehen; was bringen Gedanken wie „Ich habe versagt; ich habe alles falsch gemacht; das schaffe ich nie; ich bin nicht fähig zu lieben; was habe ich schon verdient" usw.?

Jesus ist anders mit der Schuld der Schuldiggewordenen umgegangen. Er hat schließlich selber den Platz jener Frau eingenommen, den Platz aller Verurteilten, aller Sünder auf der Welt; er hat sich selbst töten lassen im Namen einer als heilig betrachteten Macht – und so hat er die unheilvolle Kette genau an der Stelle durchbrochen, wo sie ihren Ursprung hat: in der schrecklichen, schrecklich verkehrten Vorstellung eines Gottes, der verurteilt und sich rächt und damit die Gewalt legitimiert. Dieser Jesus hat von einem ganz anderen Gott erzählt: von einem, dessen zärtliche Hand uns Zutrauen und Schwung gibt, von einem Hirten, der für uns da ist und uns in die Arme nimmt, von einem, der uns liebt, so wie wir sind, der jeden Fehler verzeiht, der jede Wunde heilen und jeden Schmerz überwinden will.

Dieser Jesus ist gekommen, um die Vorstellungen von der Beziehung zwischen Gott und Mensch zu revolutio-

nieren. Diese fußten auf der Idee einer vertikalen Macht-
verteilung: ganz oben ein richtender, strafender Gott, der
zu fürchten ist, darunter Vertreter der Religion, die diese
Macht verkörpern und anderen gegenüber ausüben, welche wiederum Schwächere unter sich haben ...

„Hat dich keiner verurteilt? Auch ich verurteile dich
nicht." Jesus blockiert den perversen Mechanismus der
stufenweise nach unten weitergereichten Macht, indem er
Gott selbst seiner Macht entledigt. Dazu ist er gekommen.
Ein Gott, nackt, am Kreuz; einer, der vergibt, der keinen
zerbricht, nur sich selbst: das ist die verstörende Tat, die
notwendig war, um die Zündschnur durchzuschneiden
und die unzähligen Bomben, auf denen die Menschheit
sitzt, zu entschärfen. An die Stelle unserer Vorstellungen
von einem allmächtigen Gott tritt der all-liebende Abba.
Statt mit dem Finger auf die Schuldige(n) zu zeigen,
schreibt er mit dem Finger auf den Grund des Herzens:
Ich liebe dich.

„Geh und sündige von jetzt an nicht mehr!" Wenige Wörter, die ein ganzes Leben verändern können! Die anderen
wollten die Frau töten, Jesus zeigt Schritte auf; die anderen
wollten Steine werfen, er will Wege öffnen. „Von jetzt
an ...": Was hinter dir liegt, ist nicht mehr von Belang, jetzt
zählt deine Zukunft. Das morgen mögliche Gute ist wichtiger als das gestern geschehene Schlechte.

Gott vergibt nicht wie einer, der vergesslich ist, sondern als
Befreier. Viele Menschen leben in inneren Gefängnissen,

kommen nicht heraus aus Schuldgefühlen wegen früherer Verfehlungen und lassen das göttliche Bild, das in ihnen aufleuchten will, nicht hervortreten. Jesus öffnet die Tore dieser oft selbstgemachten Gefängnisse, er befreit von den Ketten, an die wir uns und andere binden. Er weiß zu gut, dass nur Frauen und Männer Freiheit und Frieden in die Welt tragen können, die selber befreit sind und Vergebung erfahren haben.

Jesus sagt zu der Frau: Geh, löse dich aus deiner Vergangenheit, Neues wartet auf dich! Und gib du diese Liebe und Vergebung weiter an eine jede und einen jeden, denen du begegnest. Du bist nicht „die Ehebrecherin" der letzten Nacht, du bist eine Frau, die auch weiterhin lieben kann, und zwar mit einer großen, wahren Liebe.

Felix culpa – o du glückliche Schuld!, heißt es in der Osternacht. Die Schuld hat dazu gedient, tiefer das Herz Gottes kennenzulernen. Ich denke, dass das Paradies nicht voller „Heiliger" ist (jedenfalls nicht so, wie wir sie uns gewöhnlich vorstellen), sondern voll von Ehebrecherinnen und allen möglichen Sündern, denen vergeben worden ist. Voll von Menschen wie mir, wie uns.

Vergebung hat nichts mit Blauäugigkeit zu tun. Vergebung ist eine ernste Sache, sie bedeutet, ein Leben wieder „auf die Spur zu bringen"; sie ist authentische Liebe, die dem anderen mit Nachdruck hilft, seine positiven Anlagen möglichst gut zu entwickeln. Wenn ich mich selbst für eine unansehnliche Raupe halte, lässt solche Liebe mich zu dem Schmetterling werden, der in mir angelegt ist.

Jesus weiß, dass der Mensch nicht mit seiner Schuld gleichzusetzen ist. Die Frau ist nicht ihr Schatten; wer sie ist, das erkennt man an ihren lichtvollen Seiten, auch wenn diese erst zu erahnen sind; oder, um ein Bild Jesu zu gebrauchen, an dem „guten Weizen" und nicht an dem „Unkraut" in ihrem Herzen.

Die positiven Möglichkeiten von morgen sind Jesus wichtiger als das Schlechte von gestern. In ihm begegnet uns der Gott der Zukunft, der uns in die Weite aufbrechen heißt, der mit geduldiger Zärtlichkeit und zäher Entschlossenheit das Wachsen und Gedeihen begleitet. Ja, das Korn ist mehr wert als das Unkraut, das Gute hat mehr Gewicht als das Böse, das Licht ist wichtiger als die Dunkelheit. Eine gute Ähre ist wertvoller als alles Unkraut zusammen.

„Wo sind sie geblieben? Hat dich keiner verurteilt?" – Jesu Worte und sein Verhalten sprengen die Schemata gut–böse, schuldig–unschuldig. Niemand bleibt im Leben unschuldig, aber wir alle können die Unschuld wiedererlangen.

Wenn wir gewohnt sind, vor allem Versagen und Sünde wahrzunehmen, dann sollten wir den Blick auf die Sonne richten, die Gott über Guten und Bösen gleichermaßen aufgehen lässt, auf den Regen, den er allen ohne Unterschied zukommen lässt (vgl. Matthäus 5,45).

„Auch ich verurteile dich nicht." Mit der Barmherzigkeit führt Jesus uns über moralische Schemata und Grenzziehungen hinaus. Auch das Gebet kennt derartige Grenzen nicht: Das Gebet tritt für alle ein, für Abel und Kain, für die Opfer und selbst für die Mörder (die Trappistenmönche von Tibhirine beteten: „Herr, entwaffne sie [die potenziellen Mörder], entwaffne uns").

Gebet, Barmherzigkeit und Liebe unterscheiden nicht zwischen denen, „die es verdienen", und denen, „die es nicht verdienen". Welcher Mensch sollte nicht aus dem unerschöpflichen Meer des Lebens, das Gott ist, trinken dürfen? Wie könnte ich da einem Menschen meinen kleinen Tropfen Wasser verweigern?

Auch wenn wir meinen sollten, die Aufspaltung in Heilige und Sünder, in Gute und Böse sei eine religiöse Unterscheidung: Sie ist es nicht! Beim genauen Hinsehen zeigt sich, dass dieser Aufspaltung ein „pharisäerhaftes" Herz zugrunde liegt, nicht aber das Herz Gottes.

Steine

Herr, lass mich dich sehen,
wie du dich aufrichtest und zu mir sprichst,
wie du deine Augen auf mich in meiner Schwachheit richtest,
mich anschaust mit einem Blick,
der kostbare goldene Scherben entdeckt.
Dein Dasein spricht von Leben,
von der Schönheit des Lebens.
Herr, ich werde die schon gesammelten Steine
sofort fallen lassen;
ich will auf niemand mehr werfen,
nie, ich verspreche es dir, auf niemand mehr.

Frau, warum weinst du?
Wen suchst du?

(Johannes 20,15)

*Wir schweigen vor dem Hören des Wortes, weil unsere Ge-
danken schon auf das Wort ausgerichtet sind ...*
*Wir schweigen nach dem Hören des Wortes, weil das Wort
noch in uns redet und lebt und Wohnung macht.*
*Wir schweigen am frühen Morgen des Tages, weil Gott das
erste Wort haben soll, und wir schweigen vor dem Schlafen-
gehen, weil Gott auch das letzte Wort gehört.*
*Wir schweigen allein um des Wortes willen, also gerade
nicht, um dem Wort Unehre zu tun, sondern um es recht zu
ehren und aufzunehmen.*
*Schweigen heißt schließlich nichts anderes als auf Gottes Wort
warten und von Gottes Wort gesegnet herkommen ...*
*Das Schweigen vor dem Wort aber führt zum rechten Hören
und damit auch zum rechten Reden des Wortes Gottes
zur rechten Stunde. Viel Unnötiges bleibt ungesagt.*

(Dietrich Bonhoeffer, in: Gemeinsames Leben, DBW 5, 68)

„Maria ... stand draußen vor dem Grab und weinte. Während sie weinte, beugte sie sich in die Grabkammer hinein. Da sah sie zwei Engel in weißen Gewändern sitzen, den einen dort, wo der Kopf, den anderen dort, wo die Füße des Leichnams Jesu gelegen hatten.

Die Engel sagten zu ihr: ‚Frau, warum weinst du?'

Sie antwortete ihnen: ‚Man hat meinen Herrn weggenommen und ich weiß nicht, wohin man ihn gelegt hat.'

Als sie das gesagt hatte, wandte sie sich um und sah Jesus dastehen, wusste aber nicht, dass es Jesus war.

Jesus sagte zu ihr: ‚Frau, warum weinst du? Wen suchst du?'

Sie meinte, es sei der Gärtner, und sagte zu ihm: ‚Herr, wenn du ihn weggebracht hast, sag mir, wohin du ihn gelegt hast. Dann will ich ihn holen.'

Jesus sagte zu ihr: ‚Maria!'

Da wandte sie sich ihm zu und sagte auf Hebräisch zu ihm: ‚Rabbuni!', das heißt: Meister.

Jesus sagte zu ihr: ‚Halte mich nicht fest; denn ich bin noch nicht zum Vater hinaufgegangen. Geh aber zu meinen Brüdern und sag ihnen: Ich gehe hinauf zu meinem Vater und zu eurem Vater, zu meinem Gott und zu eurem Gott.'

Maria von Magdala ging zu den Jüngern und verkündete ihnen: ‚Ich habe den Herrn gesehen.' Und sie richtete aus, was er ihr gesagt hatte" (Johannes 20,11–18).

Nach dem Schweigen des Karsamstags sind die ersten Worte des Auferstandenen im Ostergarten von einer außerordentlichen Zärtlichkeit: „Warum weinst du?" – Sprich über deine Tränen, sie sind mir wichtig! Was bewegt dich, was bedrängt dich so?

Jesu erster Blick an jenem Morgen fällt auf den Schleier aus Tränen. Von Tränen ist das Antlitz der Erde gezeichnet, wegen dieser Tränen ist er gekommen.

Eine Welt endloser Tränen – und ein unablässiges Gebären: das große österliche Geheimnis.

„Frau ..., wen suchst du?" Wen suchst du? Eine Frage mit drei Wörtern, geradezu eine Definition des Menschen: Wir alle sind wie Maria aus Magdala und wie die beiden ersten Jünger, die den Täufer Johannes verlassen haben, Suchende, Kreaturen voller Sehnsucht.

Magdalena leidet unter dem Fehlen Jesu, den sie so geliebt hat, und weil sie ihn vermisst, macht sie sich auf den Weg: Sie verlässt ihr Haus, als es noch dunkel ist, draußen und in ihrem Herzen. Wie die Geliebte im Hohelied:

„Des Nachts auf meinem Lager suchte ich ihn,
den meine Seele liebt.
Ich suchte ihn und fand ihn nicht.
Aufstehen will ich, die Stadt durchstreifen,
die Gassen und Plätze,
ihn suchen, den meine Seele liebt.
Ich suchte ihn und fand ihn nicht.
Mich fanden die Wächter

bei ihrer Runde durch die Stadt.
Habt ihr ihn gesehen,
den meine Seele liebt?" (Hohelied 3,1–3)

Die Erzählung vom Ostermorgen am Grab ist voller An-
spielungen auf das Hohelied: der Garten, die Geliebte, die
Tränen, die Suche ... „Abwesenheit, die einschneidendste
Präsenz", heißt es in einem Vers des Dichters Attilio Berto-
lucci.

Im Morgengrauen, in jener Stunde zwischen dem Dunkel und dem Licht, in der die Dinge langsam aus der Nacht
heraus ans Tageslicht treten, geht Maria aus Magdala zu
dem frischen Grab im Garten und findet es offen: Sie sieht,
„dass der Stein vom Grab weggenommen war". Sie läuft zu
Simon Petrus und dem anderen Jünger, die ihrerseits zum
Grab eilen; auch sie kehrt zum Grab zurück. Sie läuft nicht
weiter, ihr Suchen ist der Erwartung gewichen. Das Wichtige im Leben wird nicht gesucht, sondern erwartet. Sie
hat Sehnsucht nach Gott.

Ein neues Wort für „Glauben" heißt „Sehnsucht" oder
„Erwartung". Womöglich müssen wir alle lernen, innezu-
halten, zu hören, zu lauschen, und, wie der ungarische
Dichter Endre Ady formuliert, versuchen, „den Geruch
Gottes wahrzunehmen": Er ist ganz nah.

„Frau, warum weinst du?" – Das erste Wort des Auferstandenen wirft Licht auf die Tränen. Er sagt ihr nicht:
„Hör auf zu weinen!" Er will auch keine Erklärungen. Mit
seiner Frage will er sich ihr zuwenden, sie umarmen, sie an
sich ziehen und teilhaben an dem, was sie durchlebt.

Maria weint aus dem höchsten aller Motive: Sie weint aus Liebe. Sie beweint den, den sie liebt. Viel weint, wer viel liebt.

Dieses erste, so schlichte Wort des Auferstandenen berührt mich jedes Mal aufs Neue. Der Gott des Lebens interessiert sich für die Tränen. Der Auferstandene will uns da begegnen, wo wir weinen. Er kommt nicht strahlend, er blendet nicht und drängt sich nicht auf. Einfühlsam ist seine Stimme, voller Mitgefühl ... Es ist der unverwechselbare Stil Jesu.

Die Tränen der Maria aus Magdala sind dem Auferstandenen kostbar. Er sammelt jede einzelne und bewahrt sie in seinen „himmlischen Archiven" als Liebesbekundung besonderer Art.

Jesus, der Mensch der Begegnungen, kommt wieder einmal auf seine typische, einmalige Weise auf einen Menschen zu: Zuerst ist sein Blick stets auf das Leiden, auf die Not und Bedürfnisse eines Menschen gerichtet, nicht etwa auf seine Sünden.

Jesus leidet unter dem Leid der Frau. Und er nimmt sich dieses Leids an. Seine Leidenschaft ist das Leid der Kleinen: Wie viele Tränen warten nur darauf, getrocknet zu werden! „Die Summe des Schmerzes in der Welt verwundet sein Herz" (Giuseppe Ungaretti). In seiner letzten Stunde am Karfreitag hat sich Jesus des Leids und der Angst eines Verbrechers angenommen, in der ersten Stunde an Ostern nimmt er sich des Leids der Maria aus Magdala an, die aus Liebe weint. Sein Herz zittert und leidet mit dem der Freundin; Jesus denkt nicht an sich. Ja, das ist der typische, einzigartige Stil Jesu. Irrtum ausgeschlossen: Das kann nur er sein!

Das Erste, worauf der neue Blick des Verklärten fällt, ist also die uralte Seite menschlichen Lebens namens Leid. Immer noch ist die Welt voller Tränen. Um uns herum, in uns. Aber Gott ist da und will, dass daraus neues Leben hervorgeht.

„Frau, warum weinst du?" – Anstelle der Anrede „Frau" kann ich auch meinen Namen einsetzen, und anstelle meines Namens das Wort „Menschheit". Der Auferstandene spricht mich ganz persönlich an. Und er spricht zu uns allen: Menschheit, warum weinst du? Gott leidet unter dem Leid der Menschen, unter den ungezählten Kreuzen dieser Welt.

Er ist selbst da hineingegangen, hat sich in die Menschheit „eingepfropft", an ihrer verwundeten Stelle hat er sich ihr verbunden. Auf Golgota hat er sein österliches Leben in die Welt gebracht. „Durch seine Wunden sind wir geheilt" (Jesaja 53,5). Seither sind sein und unser Leben untrennbar verbunden.

Die „himmlischen Archive" sind nicht gefüllt mit den Sünden der Menschen; vielmehr werden dort ihre Tränen aufbewahrt. Einmal vergeben, existiert die Sünde nicht mehr, sie ist annulliert, für immer getilgt. Wenn wir meinen würden, sie würde doch irgendwo gespeichert, so glaubten wir nicht an die Vergebung, und von einer Absolution könnte man nur bedingt sprechen. Die Scheunen

des Herrn aber sind voll von gutem Korn, nicht von Unkraut; in ihnen ist Platz für das Gute, das seine Kinder getan haben, und für die Tränen. Gott hört die Bitte:
„Sammle meine Tränen in einem Krug, zeichne sie auf in
deinem Buch!" (Psalm 56,9).

Der Gott der Bibel sammelt die Tränen. Er beugt sich
herab zu mir, um jede einzelne aufzufangen; keine soll ver-
lorengehen. Jede Träne ist gezählt. Er sammelt sie, wie die
Nomaden in der Wüste die nächtlichen Tautropfen sammeln ... Und am Jüngsten Tag wird er sorgsam Acht geben,
dass er jede einzelne auf dem Gesicht seiner Kinder trocknet.

Tränen sammeln, das ist auch die Berufung der Gläubigen.
Vor diesem Hintergrund ist auch das Wort Jesu zu verstehen, das uns angeht: „Die Ernte ist groß, aber es gibt nur
wenig Arbeiter." Unübersehbar viele Tränen gibt es in der
Welt, und keiner sammelt sie, keiner trocknet sie. Gott
sind sie überaus kostbar; er fängt jede einzelne auf.

Seit einigen Jahren begleite ich eine Gruppe von Eltern, die
ein Kind verloren haben. Es sind dramatische Schicksale:
Da hat sich ein Kind das Leben genommen, da ist eines
Opfer eines Unfalls, einer schweren Krankheit oder von
Drogen geworden ... Für die Mütter und Väter ist es ein
unvorstellbarer Schmerz, für den es keinen Namen gibt.
Diese Eltern kennen wie niemand sonst die herzzerreißen-
de Sprache der Tränen. Bei einer unserer Zusammenkünfte hat einer von ihnen etwas sehr Bewegendes gesagt; es

kam mir vor wie ein prophetisches Gleichnis: „An dem
Tag, an dem wir dem Herrn von Angesicht zu Angesicht
begegnen werden, und ich hoffe, es ist bald, an dem Tag,
an dem wir ihn sehen, wie er ist, werden wir ihn alle fragen:
‚Warum mein Sohn? Warum meine Tochter? Warum …?‘
Dann wird Gott zu jeder Mutter, zu jedem Vater kommen;
er wird zu uns kommen und uns um Verzeihung bitten:
‚Es tut mir so leid, ich bitte dich, verzeih mir, ich konnte
dein Kind nicht retten, ich konnte es nicht. Vergib mir.‘
Und er wird jeder Mutter und jedem Vater in die Augen
schauen, und seine Augen, die Augen Gottes, werden voller Tränen sein. Und dann ist es die Aufgabe jedes Vaters,
jeder Mutter, all derer, die viel, die allzu viel geweint haben, den Herrn in die Arme zu nehmen und seine Tränen,
die Tränen Gottes, zu trocknen.“

Wir wissen nicht, warum es all dieses Leid gibt. Die Bibel – und wir haben alle viel gesucht – bietet uns keine
wirkliche Erklärung für das Leid und für das Böse. Nicht
einmal Jesus hat uns gesagt, woher es kommt und wie man
die Quellen der Tränen zum Versiegen bringt. Aber wir
kennen seine erste Reaktion im Angesicht des Leidens eines Menschen: Jesus hat Mitleid (vgl. Markus 1,41).

Sehen – anhalten – berühren

Warum weinst du?“ – Diese Frage kann uns noch
etwas anderes Wichtiges sagen. Es gibt Schmerzen, bei denen wir kein Woher und kein Warum erkennen.
Bei vielen anderen aber gibt es eine Art Genealogie der

Tränen; sie haben „Stammväter" namens Korruption, Umweltverschmutzung, Unrecht ... Die Linie lässt sich oft ganz weit zurückverfolgen. Für den Hunger gibt es Gründe; dafür, dass so viele Menschen auf der Flucht sind, gibt es ein ganzes Bündel von Gründen, die Häufung von Krebserkrankungen in bestimmten Gegenden hat ganz konkrete Ursachen ...

Es ist Sache der Jüngerinnen und Jünger Jesu, nach den Gründen zu fragen. Es ist Sache der Jüngerinnen und Jünger Jesu, präsent zu sein, wo Menschen weinen, ohne große Worte, sondern mit-leidend, mit einem offenen Ohr für das, was sie bedrückt. Es ist Sache der Jüngerinnen und Jünger Jesu, den Hunger nach Gerechtigkeit wachzuhalten und Hand an die Wurzeln des Übels zu legen.

Sehen, verstehen, nahe sein, sich berühren lassen von den Tränen ... – aber wie? Indem wir auf Jesus schauen und von ihm lernen. Sein Blick, sein Handeln ist das des barmherzigen Samariters aus dem Gleichnis (Lukas 10,30–35). Dessen Verhalten wird mit zehn Verben beschrieben, einer Art Dekalog, „Zehn Gebote", die alle praktizieren können, ob sie religiös sind oder nicht. Sie zeigen, was nötig ist, damit die Erde zur Wohnung von Menschen wird, die einander nicht feind oder gleichgültig sind, sondern „Nächste". Die Verben lauten: Er *sah* ihn, *hatte Mitleid*, [blieb stehen und] *ging zu ihm* hin, *goss* Öl auf seine Wunden, *verband* sie, *hob ihn auf* sein Reittier, *brachte ihn* zu einer Herberge, *sorgte* für ihn, *bezahlte* beim Wirt für ihn – und versprach, *später nachzuzahlen*, wenn es nicht reichen sollte. Drei Punkte sollte man nie vergessen: sehen, anhalten, nahe sein (ohne Angst vor der Berührung) ... Der Mann aus Samarien war betroffen und hatte Mitleid, als er den unter die Räuber Gefallenen sah. Für „Mitleid haben" steht im griechischen Original das Wort *splanchnízo*, das heißt bis ins Innerste erregt sein, bis in die „Eingeweide", anders gesagt: Es ging ihm durch Mark und Bein, alles zog sich in ihm zusammen und rebellierte. Nein, dieser Mensch darf doch nicht so leiden! Und was tut der Fremde aus Samaria? Anders als die beiden anderen geht er nicht weiter, sondern wendet sich dem Verwundeten zu und ist für ihn da. So hat auch Jesus es immer gemacht, wenn er angerührt war und Mitleid hatte; er hat sich nicht gescheut, selbst die Unberührbaren zu berühren.

1. Sehen. Der Samariter *sieht* – und hat Mitleid. Er sieht die Wunden des Mannes, und sie tun ihm selber weh. Wer hingegen im Herzen blind ist, sieht die Wunden nicht. *Leid sehen*, das weckt die ganze Kraft des Mit-Leids. – Wenn Jesus einem Menschen in die Augen blickte, sah er, worauf dieser Mensch sehnsüchtig wartete, was in ihm hervorkommen und sich entfalten wollte.

Allzu leicht verschließen wir die Augen. Wir reden uns damit heraus, dass sowieso alles grau sei, die Städte wie die Gesichter. Wir brauchen offene Augen. „Jedes Mal, wenn ich mich hinunterbeuge", sagt Angelo Casati, „und eine Blüte bestaune, jedes Mal, wenn ich in den Augen eines lieben Menschen ‚umherschweife', jedes Mal, wenn ich sehe, wie die Samen, die ich gepflanzt habe, aufgehen, bekomme ich leuchtende Augen." Um eine Wiese gut zu sehen, müssten wir sie aus der Nähe betrachten, formuliert es Ermanno Olmi. Wir könnten zahllose weitere Beispiele anführen. Es gibt nur eine Art und Weise, einen Armen, Gott, eine Stadt, eine Wunde, eine Blüte kennenzulernen: sich niederknien und aus der Nähe betrachten. Nur auf Knien erkennen wir. Hinsehen, betrachten, Millimeter für Millimeter. Ein Gesicht, die Augen ... Lauschen, das Ohr hinhalten, die Stimme des anderen hören ... – Schauen wie Kinder, hören wie Verliebte!

Würden wir die Erde, die Menschheit, unser Zuhause, jedes Geschöpf ganz still und mit einem liebevollen Blick ansehen, ohne uns gewaltsam aufzudrängen und ohne uns ihrer bemächtigen zu wollen, wie anders sähe die Welt aus! Wie viel würde sich verändern! Auch unser Reden: Nicht hart und kalt, sondern sanft und einfühlsam wären unsere Worte.

Wir können uns den Blick Jesu nicht genug vor Augen halten; wir haben es schon mehrmals gesagt. Er ist wie der des Herrn in dem Gleichnis vom guten Weizen und dem Unkraut (vgl. Matthäus 13,24–30): Während der Blick der Knechte auf das üble Unkraut fixiert ist, sieht er das gute Korn, die Ähren, die dabei sind, zu wachsen und zu reifen. Reißt mir bloß das Unkraut nicht heraus, sagt er den anderen, ihr könntet auch die Ähren mit ausreißen!

Augen sollen wir haben, die Licht verbreiten, die in jedem das Gute zum Leuchten bringen, die Talente und Möglichkeiten wahrnehmen und nicht bloß die Schatten betrachten ... Manchmal möchten wir vor dem Leid und der Not der Menschen die Augen verschließen und wegschauen.

145

Wie die „falschen Jünger"; Jesu Rede vom Weltgericht benennt es deutlich: „Wann", so fragen sie, „haben wir dich hungrig, durstig, nackt gesehen?" (vgl. Matthäus 25,44). Sie haben gesehen und doch nicht gesehen, sie hatten keinen Blick für die Wunden der Welt. Ihr Herz war blind ...

2. *Anhalten.* Nicht weitergehen wie der Priester und der Levit im Gleichnis. Was würden wir auch finden, wenn wir weitergingen?! Nichts, ganz bestimmt nicht Gott. Die eigentliche Trennlinie verläuft nicht zwischen Christen, Muslimen oder Juden, zwischen Gläubigen und Nichtglaubenden, sondern zwischen denen, die stehen bleiben, und denen, die nicht stehen bleiben, sondern schnurstracks weitergehen, an den Wunden, der Not vorbei. Anhalten oder nicht, das macht den eigentlichen Unterschied.

Unser Leben ist oft ein einziger Lauf, ein pausenloses Gerenne. Wir wollen weiter, wollen hinauf, wir rennen und rennen, und die Seele keucht und kommt nicht mit. Was nützt es, wenn wir oben ankommen, ja wenn wir die ganze Welt gewinnen und unsere Seele verlieren? In Anlehnung an ein Buch von Christiane Singer könnten wir uns fragen: „Wo läufst du hin? Weißt du nicht, dass der Himmel in dir ist?"

Wir können viel für diese Welt tun, wenn wir den Lauf anhalten und stehen bleiben. Stehen bleiben, um „Danke!" zu sagen. Stehen bleiben beim Leben. „Liebe das Leben mehr als seine Abläufe; nur so wirst du seinen Sinn verstehen" (Dostojewskij). Im Prolog des Johannesevangeliums heißt es: „In ihm [dem menschgewordenen Wort] war das

Leben, und das Leben war das Licht der Menschen" (Johannes 1,4). Das Leben als Licht der Menschen! Willst du Licht? Dann halte an und betrachte das Leben. Wenn du dir auch nur eine Stunde Zeit genommen hast, dir das Leid und den Schmerz eines Menschen zu eigen zu machen, bist du weiser und hast mehr vom Leben verstanden als jemand, der alle Bücher gelesen hätte.

Das Leben erschließt sich freilich nur denen, deren Sinne offen sind. Die ganze Erde ruft uns an, aber oft ist der Anruf so leise, dass wir ihn tausend Mal überhören. Wie viel Kostbares schaut uns an, und wir gehen darüber hinweg, ohne zu *sehen*, und zertrampeln wahre Schätze ...

3. *Berühren, nahe sein.* – Im ersten Kapitel des Markusevangeliums wird erzählt, wie Jesus einem Aussätzigen begegnet. Der Aussätzige kommt zu ihm und schreit um Hilfe. Diesem Aussätzigen gegenüber, dem Ansteckenden, Unreinen, Verstoßenen, den keiner berühren darf, der von Ferne um Hilfe ruft, empfindet Jesus Mitleid, es geht ihm durch Mark und Bein. Alles in ihm sagt: Nein! Das darf nicht sein! – Und was tut Jesus? Er bleibt stehen, er streckt die Hand aus und berührt ihn (vgl. Markus 1,41). Er berührt den Unberührbaren. Uns kommt das hart an. Es ist eine unbequeme Anfrage, auch für mich. Wer würde spontan einen Ansteckenden, einen Infektiösen oder auch schon die Hand eines Bettlers berühren? Ich lasse eine Münze fallen, halte gebührend Abstand, scheue die Berührung.

Das Herz wiederfinden, das bedeutet zum einen sich betreffen lassen und mitleiden, zum anderen ganz konkret zur Hand gehen und dem anderen nahe sein. Die Liebe sucht und braucht den konkreten Ausdruck. Nicht von ungefähr heißt es zu Beginn des Hohelieds: „Mit Küssen seines Mundes bedecke er mich." Der Wunsch nach Nähe, nach Berührung durchzieht das ganze Lied; es ist ein Ausdruck der Liebe, in diesem Fall der intimste.

Jesus berührt den Aussätzigen und zeigt ihm so seine Liebe, und durch die Liebe heilt er ihn.

Eine andere Szene; sie spielt in Naïm. Jesus begegnet einem Trauerzug: Der einzige Sohn einer verwitweten Mutter wird zum Grab getragen (vgl. Lukas 7,11–17). Sie weint herzzerreißend. Als Jesus sie sieht, überkommt ihn Mitleid, er ist zuinnerst erregt. Ihr Schmerz zerreißt auch ihm das Herz. Er bleibt stehen. Er geht nicht einfach weiter. Er sieht, lässt sich berühren, und er sagt zu der Mutter: „Weine nicht!"

Wie menschlich ist doch unser Gott! Ihm entgeht nicht unser Leid, kein Schmerz, keine Wunde, kein Kratzer. Jesus fühlt der Mutter nach. Und dann geht er zur Bahre, berührt den toten Jungen und sagt ihm: „Steh auf!" Und der Junge richtet sich auf und beginnt zu sprechen, und Jesus gibt ihn der Mutter zurück. Es ist eine Geburt: Jesus schenkt neues Leben. Erbarmen ist *die* Lebenskraft ... Es ist eine Sache des Herzens und der Hände. Gott, so Papst Franziskus, vergibt nicht durch ein Dekret, sondern indem er uns zärtlich berührt.

Sehen – anhalten – berühren, das scheint nichts Großes zu sein; was soll es bringen? Und doch: Die neue Welt beginnt mit dem ersten barmherzigen Samariter. Auch und gerade heute. Die Schnelligkeit von heute macht blind, und die Blindheit macht das Herz hart. Menschen entschwinden aus unserem Blickfeld, werden unsichtbar. Es gibt viele Unsichtbare in unseren Städten, zum Beispiel Arme. Wir gehen an ihnen vorüber und sehen sie nicht.

Herzlose Blicke vermehren nicht nur die Dunkelheit, es passiert noch etwas Schlimmeres: Aus den Übersehenen werden „Schuldige". Wir sehen sie nicht als das, was sie sind, und erklären sie zur Ursache unserer Probleme. Es ist verheerend, wenn die Opfer – Flüchtlinge, Migranten, Arme – in „Schuldige" verwandelt werden. Aus Tränen werden Bedrohungen.

Wenn wir nicht sehen, nicht stehen bleiben, nicht „berühren", degradieren wir Personen zu Problemen. Dabei tut sich gerade da, wo Not und Leid herrschen, ein Riss auf, durch den wir einen Blick auf das erhaschen könnten, was bleibt und was zählt. Wie gesagt: Wenn ich sehe, anhalte und berühre, ändere ich nicht die Welt, auch noch nicht Strukturen der Ungerechtigkeit, aber ich impfe dieser Welt den Gedanken ein, dass sie nicht so bleiben muss, wie sie ist, dass die Tränen der anderen mich in die Pflicht nehmen, dass kein Bedürftiger einfach abgeschoben oder ignoriert werden darf, dass Gleichgültigkeit das Gegenteil von Liebe ist ...

Jahrhunderte des Moralismus haben aus den „Werken der Barmherzigkeit" eine Art Vorauszahlung für das Heil gemacht. Dabei sind sie die Frucht neuer zwischenmenschlicher Beziehungen. Im Übrigen kommen sie auch einem selbst zugute; denn einem Menschen, der Gutes tut, geht es selbst auch besser. Ein Slogan für die „Werke der Barmherzigkeit" könnte lauten: *Denk an dich, tu Gutes!*

Es wäre widersinnig, Gott um Barmherzigkeit zu bitten und selbst nicht barmherzig zu den anderen zu sein. Gegen eine solche geheuchelte Frömmigkeit haben sich die Propheten mit flammenden Reden gewandt.

Auch mitten im Schmerz, auf ausweglosen Wegen, in Einsamkeit und Verlassenheit gibt es die Stimme der Osterbotschaft:

Bleib. Gib nicht auf. Stärker ist die Kraft der Liebe.
Auch wenn ich nichts habe,
wenn ich niedergeschlagen bin und leer, vom Schmerz gelähmt:
Es bleibt die Kraft der Liebe.
An einem Ort, den ich nicht kenne,
an dem Quell, wo alle meine Quellen entspringen,
an dem Himmel meines Himmels,
in dem Erdreich, wo ich verwurzelt bin,
da bleibt die Kraft der Liebe.
Es bleibt der lebendige Christus,
mir zur Seite als stiller, starker Weggefährte.
Dem Gott, dem ich gehöre,
ist nicht nachzuweinen wie einem Toten: Er lebt!
Und er sammelt Tränen;
jede Wunde – in mir wie in ihm – wird zu einem Spalt,
durch den Licht fällt, warmes, helles Licht.

Simon, Sohn des Johannes, liebst du mich?

(Johannes 21,16)

Wir können dir folgen, Herr,
dorthin, wo du heute sein wirst:
in der Sehnsucht nach Frieden,
in Gedanken der Vergebung,
in Herzen, die nach dir dürsten,
in der Stimme, die Wege weist,
in jedem Verzicht um der größeren Liebe willen.
Du bist im ersten Schrei des Neugeborenen,
in der Umarmung der Liebenden,
im letzten Atemzug des Sterbenden,
du bist in jedem Herzen, das seine Heimat sucht
in dir, auf deiner Pilgerschaft über alle Grenzen hinweg.
Du sagst mir aufs Neue: Fürchte dich nicht,
auch dein Boot wird ankommen,
auch dein Leben wird das Ziel erreichen,
Es ist ein Wunder,
dass du, Herr, nicht enttäuscht bist wegen meiner Sünden,
dass du mir das Evangelium anvertraust,

dass du mich da, wo ich stehengeblieben bin,
den Weg neu aufnehmen lässt.
Ich bin der Letzte unter den Mutigen,
aber ich bin bereit, dir zu sagen:
„Hier bin ich: Sende mich!"
Ich bin der Erste der Ängstlichen,
aber ich vertraue auf dein Wort:
Auf dein Wort hin gebe ich mein Wort;
ich werde dir folgen, denn ich weiß:
Du bist mit im Boot, hast einsteigen wollen
ins Boot meines Lebens.
Und deine Gnade kann etwas machen
aus meinem Nichts,
etwas, das irgendjemandem dienen wird.

„Als sie gegessen hatten, sagte Jesus zu Simon Petrus: ‚Simon, Sohn des Johannes, liebst du mich mehr als diese?' Er antwortete ihm: ‚Ja, Herr, du weißt, dass ich dich liebe.' Jesus sagte zu ihm: ‚Weide meine Lämmer!'

Zum zweiten Mal fragte er ihn: ‚Simon, Sohn des Johannes, liebst du mich?' Er antwortete ihm: ‚Ja, Herr, du weißt, dass ich dich liebe.' Jesus sagte zu ihm: ‚Weide meine Schafe!'

Zum dritten Mal fragte er ihn: ‚Simon, Sohn des Johannes, liebst du mich?' Da wurde Petrus traurig, weil Jesus ihn zum dritten Mal gefragt hatte: ‚Hast du mich lieb?' Er gab ihm zu Antwort: ‚Herr, du weißt alles; du weißt, dass ich dich lieb habe.' Jesus sagte zu ihm: ‚Weide meine Schafe! Amen, amen, das sage ich dir: Als du noch jung warst, hast du dich selbst gegürtet und konntest gehen, wohin du wolltest. Wenn du aber alt geworden bist, wirst du deine Hände ausstrecken und ein anderer wird dich gürten und dich führen, wohin du nicht willst.‘ Das sagte Jesus, um anzudeuten, durch welchen Tod er Gott verherrlichen würde. Nach diesen Worten sagte er zu ihm: ‚Folge mir nach!‘“ (Johannes 21,15–19).

Wir stehen vor einer der anspruchsvollsten Fragen der Bibel: „Simon, liebst du mich?“ Was Jesus den Simon fragt, das fragt er auch mich. Es geht um die Liebe. „Am Abend unseres Lebens werden wir nach der Liebe gerichtet werden“ (Johannes vom Kreuz).

Mittendrin in unseren frommen Worten und Reden, denen oft die Leidenschaft fehlt, leuchtet plötzlich eine Frage auf: die nach unserer Liebe. Um diese Frage geht es. Wie ein Angelhaken ergreift sie uns da, wo wir „ganz menschlich“ sind. Sie kann zu einem Neubeginn für uns werden, Prozesse anstoßen ...

Es ist bewegend, wie menschlich Jesus ist: Auch nach der Auferstehung bittet er um Liebe, um menschliche Liebe. Er kann fortgehen, wenn er sich sicher ist, dass er geliebt wird. Er fragt nicht: Simon, Sohn des Johannes, hast du meine Botschaft begriffen? Hast du mein Leben verstanden? – Vielmehr ist es, als würde er sagen: Ich überlasse alles der Liebe, ich baue ganz auf sie und nicht auf irgendwelche Projekte. Ich muss fortgehen, und ich lasse euch mit einer Frage zurück: Habe ich Liebe in euch geweckt?

In euch, die ihr wie Petrus eurer selbst nicht sicher sein könnt; in euch, die ihr oft genug erlebt habt, wie ihr mich verleugnet habt? Euch, die ihr mich dennoch liebt, vertraue ich meine Botschaft an!

Die Apostel waren nach Hause zurückgekehrt, an den See, wo alles begonnen hatte. Dort hören sie aufs Neue das große Wort, das drei Jahre zuvor ihr Leben auf den Kopf gestellt hatte: „Folge mir!" Und sie machen sich wieder auf. Die Angst spielt keine Rolle mehr; die ausgeträumten Träume, die am Kreuz zerbrochenen Illusionen, ihre Enttäuschung und Treulosigkeit ... – all das lassen sie hinter sich. Jetzt schenkt ihnen der Herr die Möglichkeit, neu anzufangen. „Der Glaube", schreibt Gregor von Nyssa, „schreitet von einem Anfang zum nächsten, in einem immer neuen Neubeginn." Möglich ist das, weil der Verratene, der Verleugnete zurückkehrt als Freund. Der Verlassene begibt sich in die Hände derer, die ihn verlassen haben, und vertraut ihnen blind.

„Ich gehe fischen", hatte Petrus gesagt (Johannes 21,3). Was so viel heißt wie: Es ist aus; ich kehre zurück. Klammer zu. Es waren drei schöne Jahre, wir waren glücklich und frei, wir haben gekämpft und waren begeistert, doch jetzt ist es vorbei. „Ich gehe wieder fischen", sagt er, und seine Kollegen stimmen mit ein: „Wir gehen auch mit" (Johannes 21,3). Sie haben die Segel gestrichen, die Träume begraben und besteigen ihr altes Boot. „Aber in dieser Nacht fingen sie nichts" (ebd.). Es ist eine schlimme Nacht, draußen wie in ihrem Herzen. Eine bittere Nacht, ohne einen

Stern am Himmel. In den Wellen sind ihre Träume begraben, ihr neues Leben scheint wie weggespült. Aber ins alte zurückkehren ist ein fruchtloses Unterfangen, Jesus vergessen wollen, das ist eine vergebliche Mühe: Ohne ihn ist das Leben „Windhauch und Luftgespinst" (Kohelet 1,14).

Dann, als der Morgen naht, eine Stimme vom Ufer her, fast ein wenig provozierend: „Meine Kinder, habt ihr nicht etwas zu essen?" (Johannes 21,5). Was für eine Frage nach dieser frustrierenden Nacht! Sie antworten im Chor: Nein! Ohne dich haben wir nichts, ohne dich geht es uns nicht gut, fern von deinem Licht sehen wir nichts. – Ihr Nein ist ein Hilferuf.

Das eigentliche Wunder sind schließlich nicht die zum Bersten vollen Netze. Das eigentliche Wunder ist Petrus, der nicht warten kann und sich aufs Wasser stürzt, das Ungestüm der Liebe, die stets Eile hat, die weder Tadel noch Strafe fürchtet. So schwimmt Petrus dem entgegen, den er verleugnet hat, worüber er dann bitterlich weinte (vgl. Johannes 21,6f); es zieht sein Herz hin zu dem kleinen Feuer am Ufer. Das eigentliche Wunder besteht darin, dass die Schwäche der Jünger, die Schwäche dessen, den Jesus „Kephas – Fels" genannt hat, dass auch meine Schwäche kein Hindernis ist, um dem Herrn zu folgen, sondern geradezu zu einer Ressource für die Nachfolge werden können.

Der Meister lässt sich von den Fehlern keines Menschen beeindrucken, vielmehr verheißt und schafft er Zukunft. Wie bei der ersten Begegnung: „Fürchte dich nicht, Simon! Von jetzt an wirst du Menschen fangen!" (Lukas 5,10).

Menschen wirst du fischen, du wirst sie herausholen aus einem bescheidenen Dasein, das sie für Leben halten und doch kein wirkliches Leben ist; du wirst ihnen zeigen, dass sie für ein Leben gemacht sind, das Freiheit und Weite schenkt, für einen anderen Himmel, ein anderes Leben als das, was sie kennen. Du wirst ihnen helfen, dahin zu finden.

Das Wunder ist, dass die unheilbare Schwäche, dass alles vergebliche Mühen, dass die fruchtlosen Nächte, dass unser Versagen und Verrat nicht das Ende der Möglichkeiten, sondern im Gegenteil *die* Gelegenheit sind, um erneuert zu werden, um in neu entfachter Leidenschaft eine neue Beziehung zu Jesus zu finden und sein Herz tiefer zu verstehen.

Ich sehe in diesem Abschnitt ein großartiges Bild für den Weg der Heiligung. Heiligkeit besteht ja nicht im Fehlen von Sünden, sie ist nicht ein Feld ohne Unkraut, sondern Frucht einer hier und jetzt erneuerten Leidenschaft für Christus und das Evangelium.

Simon, Sohn des Johannes, liebst du mich jetzt? – Keine Vergangenheit kann ihn davon abhalten, keine alten Sünden werden hervorgezogen; die Nacht am Feuer im Hof des hohepriesterlichen Palastes, wo Petrus, der Fels, vor der Magd „zerbröckelte" und dreimal seinen Meister verleugnete („Ich kenne diesen Menschen nicht!"), diese Nacht ist vorbei. Sie ist wie weggewischt von den Tränen, die Petrus anschließend vergossen hat, und von der Liebe, die ihn jetzt neu beseelt, hier, an dem neuen Feuer, das Jesus unter dem Himmel für Petrus und die anderen angezündet hat. Im Namen der Zukunft ist die Verleugnung von gestern überwunden. Das gilt für immer, und es gilt für alle: Der

Herr, so sagten wir, vergibt nicht wie einer, der vergesslich ist; er vergibt als Schöpfer, der Neues hervorbringt. Er schafft Mitschöpfer, Menschen, die mitbauen an einer besseren Zukunft: „Weide meine Lämmer."

Das ist es, was den Herrn und Meister interessiert: dass das Feuer neu entzündet ist, dass das Herz brennt, dass die Leidenschaft wieder aufflammt. „Petrus, liebst du mich jetzt?" Heiligkeit, so zeigt sich abermals, ist nicht erloschene, sondern bekehrte Leidenschaft. Wer die Leidenschaften abtötet, wird nie ein Heiliger …

Im Buch Exodus findet sich die eindrucksvolle Erzählung von Mose und dem goldenen Kalb (Exodus 32,7–35 [die Schriftlesung am Tag dieses Meditationsimpulses von Pater Ronchi]). Als das Volk merkt, dass Mose nicht vom Berg herunterkommt, entschließt es sich, sich einen Gott zum Anfassen zu machen: Wer will schon immer auf etwas Unsichtbares setzen! Gott reagiert erzürnt, als er das Volk in den banalsten Götzendienst zurückfallen sieht; es heißt, er habe es „verzehren" und nur Mose retten wollen. Mose aber, beseelt von einer „Spiritualität des Protests" und mit dem Herzen eines Hirten, versucht den Herrn zu besänftigen und führt allerlei Gründe zugunsten seines Volkes an: Gott könne doch nicht das Volk vernichten; die Ägypter würden sich über ihn, den Befreier, lustig machen. Und wie könne er die Verheißungen an Abraham, Isaak und Jakob vergessen? Mose appelliert an Gottes Treue, und schließlich sagt er: „Jetzt nimm ihre Sünde von ihnen! Wenn nicht, dann streich mich aus dem Buch, das du angelegt hast" (V. 32). Mose, der die Wundertaten Gottes miterlebt hat, die Spaltung des Meeres, das Manna in der Wüste ..., dieser Mose hat nicht eine Haltung völliger Unterwerfung unter Gott angenommen. Wir hätten sie vielleicht für angemessen gehalten, die Bibel aber zeichnet ein anderes Bild. Mose sagt zu dem Allmächtigen, dem Befreier, nicht: „Du wirst schon wissen, was richtig ist; mach, was du meinst." Nein, Mose hat keine Angst, Gott „vorzuladen" und ihn wissen zu lassen, dass er nicht einverstanden ist: Er erinnert ihn an seine Versprechen; lieber ist er mit seinem Volk solidarisch, als einem Gott zu folgen, der solche Gedanken hegt. Das ist wahre Hirtenliebe, da „riecht einer nach seinen Schafen" (Papst Franziskus). Dass dem Mose sein Volk wichtiger ist als sein eigenes Leben, mag in unseren Augen ja noch angehen, aber Mose geht noch weiter: Ihm ist das Leben seines Volkes wichtiger als die Pläne Gottes! Seine Leidenschaft für den Menschen geht so weit, dass er gegen den Himmel protestiert. Grenzt das nicht an Gotteslästerung? Nicht wirklich; Gotteslästerung wäre es, etwas, was theoretisch richtig ist, über den lebendigen Menschen zu stellen.

Wie reagiert Gott angesichts dieses kühnen Verhaltens des Mose? Er hört zu. Er lässt sich berühren. Er bewundert die Leidenschaft des Mose und macht sie sich zu eigen, er „lernt" von ihm. Glaube, so zeigt sich, ist kein bloßes Sich-ins-Schicksal-Ergeben, sondern unter Umständen Einspruch, Protest gegen das, was geschieht oder sich abzeichnet. Glaube ist Leidenschaft für das Volk in seinen Nöten, Leidenschaft für die Gerechtigkeit, für die Freiheit, für das Leben. Glaube, das heißt Herz und Hände zu öffnen und

den Mund aufzumachen; denn wir sind in die Welt gesandt, um die Stimme zu erheben, wo es nötig ist, als
Sprachrohr der Armen. Glaube, das heißt Rechenschaft zu
verlangen und Widerspruch einzulegen, wo Unrecht
herrscht, wo Menschen, wo Kinder Gottes getötet oder ge-
demütigt werden.

* * *

Am Ufer des Sees richtet Jesus drei Fragen an Simon
Petrus, jeweils in einer anderen Formulierung; wie in einem Dreischritt versucht er Petrus innerlich zu erreichen,
damit dieser in seiner labilen Begeisterung mitgehen kann.

Es ist ein Gespräch, wie es meines Erachtens in der Welt-
literatur kein schöneres gibt. Hören wir die Worte, wie sie
im Evangelium überliefert sind, blicken wir dabei auch
kurz in den griechischen Originaltext und stellen wir uns
vor, wie Jesus diese Fragen stellt, auf Augenhöhe, auf „Her-
zenshöhe" mit Petrus, hier Simon genannt.

Erste Frage: „Simon, Sohn des Johannes, liebst du mich
mehr als diese?" (Johannes 21,15). Im Griechischen heißt
es *agapas me*; Agape, das ist die ganz große Liebe, eine Liebe, die einem erfüllten Herzen entspringt, die sich den anderen zuwendet und sich ihnen in ihrer Armut schenkt.
Petrus beantwortet die Frage nur teilweise; er sagt nicht,
dass er Jesus mehr liebe als die anderen, und er verwendet
auch nicht das Verb *agapao*, sondern das Wort für eine
freundschaftliche Liebe: *phileo* (*'oti philo se*, dass ich dich
liebe wie ein Freund). Vielleicht ist es die Erinnerung an
jenes andere Feuer, damals im Hof des Hohepriesters, die

ihn vorsichtiger formulieren lässt: *Herr, du weißt, dass ich dein Freund bin!*

Zweite Frage: „Simon, Sohn des Johannes, liebst du mich?" (V. 16). Diesmal ohne Vergleich; jeder hat sein eigenes Maß der Liebe. Aber ist es echte Liebe zu Jesus? – Was ist Liebe? „Wenn du dich einmal verliebt hast", schreibt Christos Yannaras, „dann weißt du, dass Leben etwas anderes ist als Überleben. Überleben bedeutet: Du isst Brot, aber es reicht nicht, um dich aufrechtzuhalten; du trinkst Wasser und bleibst doch ein Dürstender; du berührst die Dinge und spürst sie doch nicht; du riechst die Blumen und doch erreicht ihr Duft nicht deine Seele. Wenn aber der geliebte Mensch neben dir ist, erwacht alles zu neuem Leben; es durchströmt dich mit solcher Kraft, dass du fürchtest, es könnte dich zerreißen ... Eine solche Lebensfülle ist die Liebe! Und doch ist sie erst ein Vorgeschmack auf das Gottesreich!" Unübersehbar ist die Liebe ...

Auch diesmal vermeidet Petrus das Wort *agapao*; wieder spricht er von freundschaftlicher Liebe (*phileo*). Liegt es daran, dass nur Jesus das große Wort *agapao* verwenden kann, er, der die Liebe selbst ist? Wir dagegen beginnen dabei zu zittern. Petrus hält sich lieber an das verhaltenere Wort, das uns Menschen mehr entspricht: „Herr, ich bin dir Freund; das weißt du!"

Dritte Frage. Jesus schraubt die Anforderungen nochmals zurück, um Petrus entgegenzukommen. Der Herr bedient sich unserer Begriffe, greift zu „unserem" Wort: „Simon,

Sohn des Johannes, hast du mich lieb? Bist du mir Freund?" – Wenn die ganz große, die göttliche Liebe zu viel und zu furchteinflößend ist, dann mag er immerhin Zuneigung und Freundschaft bekunden. „Petrus, ein wenig Zuneigung kann ich schon von dir erwarten, nicht wahr?" Jesus zeigt seine Liebe auch in der Weise, dass er die Möglichkeiten des Petrus ernst nimmt ... Er will uns nicht vollkommen, sondern authentisch. Plagen wir uns nicht ab, um perfekt zu sein, sondern mühen wir uns, wahrhaftig zu sein und auf alle Heuchelei zu verzichten. Wir sind nicht auf Erden, um unbefleckt und ganz rein zu sein, sondern um uns auf den Weg zu machen und weiterzugehen. Jesus verlässt also den Glanz der Agape und begibt sich auf unsere weit bescheidenere Ebene; denn in der Liebe ist das Du wichtiger als das Ich. Wenn die Liebe echt ist, dann stellt sich das Ich nicht aufs Podest, sondern findet seinen Platz zu Füßen des bzw. der Geliebten. Der um Liebe bettelnde Jesus ist ein anspruchsloser Bettler: Er weiß um meine Armut und bittet mich um ein wenig echte Liebe.

An Petrus' Platz wäre ich gerne. Ich möchte dem Herrn antworten und sagen können: „Ja, du weißt, dass ich dich lieb habe, zumindest ein wenig, dass ich dir ein wenig Freundschaft entgegenbringen will inmitten all der Gleichgültigkeit, ein wenig Wärme in all der Kälte. Ja, ich bin dein Freund und werde dir folgen! Ich habe verstanden, dass du nicht vollkommene Menschen suchst, sondern wahrhaftige Menschen, die so, wie sie sind, für dich brennen. Jesus, vertraue nicht dem Kephas-Petrus in mir, denn ein Fels bin ich nicht; doch setze auf den Simon, den Sohn des Johannes, der auch in mir ist: Ruf mich bei dem Namen, mit dem man mich zu Hause im vertrauten Kreis ruft, wo man meine Licht- und Schattenseiten kennt. Setze auf mich, so wie ich bin, ungeschönt und demütig."

Am letzten Tag, wenn auf den Abend des Lebens Tage ohne Untergang folgen, wird uns der Herr aufs Neue nur diese eine Frage stellen: „Liebst du mich?" Er will wissen, ob wir ihm Freund sind. Und ich muss ihm lediglich unablässig versichern: „Ja, du weißt, dass ich dich lieb habe" ...

Auf die Frage: *Woran glaubt ihr Christen? Was ist der Kern eures Glaubens?* könnten wir mit den Artikeln des Glaubensbekenntnisses antworten: „Wir glauben an Gott, den Vater, ... an Jesus Christus ..." Im ersten Johannesbrief wird eine andere Antwort gegeben: „Wir haben die Liebe, die Gott zu uns hat, gläubig angenommen" (1 Johannes 4,16). Christen sind Menschen, die an die Liebe glauben. Das ist der Kern, die Mitte unseres Glaubens, nicht der Glaube an die Allmacht, Ewigkeit, Allwissenheit oder Vollkommenheit Gottes. Wir glauben an die Liebe.

„Ich glaube", das lässt sich in drei Punkten entfalten: Ich bin bedürftig – ich vertraue – ich vertraue mich an. Glauben heißt zunächst, Liebe zu brauchen und auf die Liebe zu bauen. Die Liebe ist das Wesen Gottes, sie macht uns als Menschen und das Leben aus.

Wir setzen auf die Hypothese, dass ein Mehr an Liebe gut ist. „Möglichst viel Liebe!" ist unser Leitwort – und nicht: „Möglichst viel Geld!" Christen sind Menschen, die an die Liebe glauben, die Liebe wecken, die Beziehungen wiederbeleben, die anderen helfen, den Glauben an die Liebe wiederzufinden.

„Wir haben an die Liebe geglaubt!" – An die Liebe glauben, das können im Grunde alle, ob sie religiös sind oder nicht. Sagen wir es gerade auch den jungen Menschen: Glaubt an die Liebe! Kardinal Dionigi Tettamanzi erklärte den Jugendlichen in ihrer Sprache: „Wer glaubt, der hat was mit Gott." Etwas mit jemandem haben, das heißt, Liebe zueinander zu haben, in Liebe „miteinander gehen".

Ich möchte hier eine persönliche Erinnerung weitergeben. In Paris hatte ich Olivier Clément zum Lehrer. Es ging um das Thema Katechese; er sagte: „Willst du einem Jugendlichen von heute erklären, was der Himmel und was die Hölle ist? Dann sprich in der Sprache der Liebe. Verliebt sein ist eine mystische Erfahrung, für den größten Teil unserer Zeitgenossen die einzige. Wer verliebt ist, weiß, was der Himmel ist: Er ist wie das Wiederfinden des geliebten Menschen, nachdem man getrennt war oder sich verloren hatte, wie die innige, heißersehnte Umarmung beim Wiedersehen. Wer verliebt ist, weiß auch, was die Hölle ist: fern vom anderen zu sein, verraten zu werden, einander zu verlieren."

Dies ist die einfache Mitte meines Glaubens: Ich glaube an die Liebe, die Gott zu mir hat. Nicht an meine, sondern an seine Liebe. Das Heil besteht nicht darin, dass ich ihn liebe, sondern darin, dass er mich liebt. Und dass ich geliebt werde, liegt an ihm, nicht an mir.

Gottes Liebe, das ist seine Liebe *zu* mir, aber auch seine Liebe *in* mir. In all meinem Lieben ist er zugegen; er ist die Liebe in jeder Liebe. Die himmlische und die irdische Liebe sind nicht fein säuberlich getrennt; es ist eine einzige große Liebe, „welche die Sonne und alle Gestirne bewegt" (Dante Alighieri), eine einzige Liebe, die den Schöpfer zu seinem Geschöpf zieht, den Herrn zu seiner Kirche, Adam zu Eva; es ist ein und dasselbe Geheimnis, „ein tiefes Geheimnis" (Epheser 5,32), wie Paulus sagt.

Die Bitte um ein „neues Herz" ist eine Bitte um das Herz Gottes. Der Tag wird kommen, an dem uns – nach aller Mühe, lieben zu lernen – dieses Geschenk zuteil werden wird und wir mit seinem Herzen lieben können ... Jetzt geht es darum, dass wir an die Liebe glauben und in uns wie in den anderen das Vertrauen in die Liebe neu wecken. Wird man uns als einfältig und naiv bezeichnen? Selig die Einfältigen, deren Augen so klar sind, dass sie überall die Spuren Gottes, die Spuren der Liebe sehen! Gerade auch in der menschlichen Liebe. Statt Gegenstand moralischer Lektionen zu sein, ist sie ein hervorragender Anknüpfungspunkt, um die Frohe Botschaft weiterzugeben; denn in der menschlichen Liebe berühren wir schon die Ewigkeit. Die Liebe ist eine Theologin, die erste unter den Theologen und Theologinnen: Sie spricht als erste von Gott.

Hierzu eine kleine Episode. Pater Giovanni Vannucci und Zeno Saltini, der eine eher ein Mystiker, der andere von feurigem Charakter, standen an einem Fenster im Marianum in Rom und unterhielten sich. Sie blickten auf die *Viale XXX Aprile* und sahen, wie sich ein Junge und ein

Mädchen zwischen den großen Bäumen umarmten und küssten. Pater Giovanni brach mitten im Satz ab und sagte zu Don Zeno: „Wenn du dem Herrn danken kannst, dass sich hier auf Erden zwei weitere Geschöpfe lieben, wenn du danken kannst und es freudig genießen kannst, weil mehr Liebe in der Welt ist als zuvor, in genau diesem Augenblick bist du auf dem geistlichen Weg ein gutes Stück weitergekommen."

Wie hätten *wir* reagiert? Nun, wahrscheinlich mit gewissen Vorbehalten ... Wenn wir verliebte junge Menschen sehen, sollten wir nicht misstrauisch sein; Verliebtsein ist eine mystische Erfahrung, vielleicht noch wild und ungebändigt, aber doch voll wirklicher Leidenschaft, in der das Du mehr zählt als das Ich und die einen Hauch von Ewigkeit spüren lässt. Wo die Liebe hinfällt, da ist irgendwie auch der Himmel mit im Spiel.

Und wie gehen wir mit Situationen um, die nicht den Regeln der Kirche entsprechen? Wenn wir sie nur unter moralischen Gesichtspunkten beurteilen und ihr Potenzial, etwas über die Liebe zu offenbaren, übersehen, dann werden die Betreffenden für Jahre, wenn nicht für immer auf Distanz zur Kirche gehen. Die Glaubenskrise in der heutigen westlichen Welt hängt auch damit zusammen, dass der Glaube an die Liebe und das Vertrauen in die Menschen geschwunden sind – zu Lasten des Lebens. Das Christentum sollte von der Liebe beseelt sein und das Alphabet der Liebe hochschätzen; wenn wir uns daran ausrichten, werden wir Freude und Licht verbreiten, und für die Welt wird es ein Segen sein.

Ein Ausspruch von Pater Turoldo, an Christus gerichtet, lautet: „Unmöglich, dich ungestraft zu lieben!" Dich, Christus zu lieben, das hat Konsequenzen ... Dich lieben und gleichgültig bleiben, das geht nicht. Dich lieben und einem anderen Menschen nicht mit Händen voller Gaben zu begegnen, das passt nicht zusammen. Dabei geht es nicht um irgendwelche Gefühle, sondern ganz konkret darum, dass wir uns und unser Leben einbringen. In einer seiner eindrücklichen Formulierungen schreibt Johannes: „Jeder, der seinen Bruder hasst [das heißt: der nicht liebt], ist ein Menschenmörder" (1 Johannes 3,15). Nicht lieben, gleichgültig sein, das heißt töten. Darin liegt der große Ernst des Glaubens an die Liebe.

Das Gegenteil von Liebe ist bekanntlich nicht der Hass, sondern die Gleichgültigkeit. Sie ist das verborgene Gift, dem das Böse entspringt. Die Gleichgültigkeit macht, dass der andere uns egal ist, es ist, als existiere er nicht.

Jesu Frage an Petrus ist auch eine Frage an mich: „Und du, liebst du mich?" Nur ich kann die Antwort geben. Brennt manchmal mein Herz wie das der Emmausjünger? – Weichen wir dieser Frage nicht aus, verstecken wir uns nicht hinter Verpflichtungen, Terminen oder dem Smartphone ...

Es gibt Menschen, die meinen, Gott zu lieben, weil sie sonst niemand auf der Welt lieben. Menschen, die sich einbilden, Gott zu lieben, ohne die Schwestern und Brüder zu lieben. Doch Gott ist nicht da, wo das Herz abwesend ist. „Aus einem Heiden kann ein Christ werden, aus einem

Sünder ein Heiliger. Aber was soll aus denen werden, die nichts sind, weder Heiden noch Christen, weder Heilige noch Sünder, weder heiß noch kalt? Was soll werden aus diesen lebendigen Toten?" (Charles Péguy).

„Liebst du mich?" Ich kann antworten, indem ich das Credo aufsage. Doch *eros*, *agape* und *philia*, Liebe und Freundschaft, haben etwas mit Leidenschaft zu tun. Sie sind keine Theorie. Ich kann antworten: Ich verkünde dich, ich feiere dich, ich spreche von dir; doch das geht an der Frage vorbei. Die Frage lautete: *Liebst* du mich? Hast du dich mir geschenkt mit Haut und Haar, zumindest mit ein wenig Leidenschaft? – Wir müssen uns neu verlieben. Wer verliebt ist, scheint immer auch ein wenig verrückt zu sein: Kaum erblickt er den geliebten Menschen, hat er nur noch Augen für diesen Menschen; seine Gedanken, sein ganzes Herz sind bei ihm. Ungeteilt. „Du sollst den Herrn, deinen Gott, lieben mit ganzem Herzen, mit ganzer Seele und mit deinem ganzen Denken" (Matthäus 22,37) – mit allem, was wir sind und haben, mit Leib und Seele, dazu lädt Jesus uns heute ein. Kehren wir dahin zurück, Gott zu lieben – nicht wie Sklaven, sondern als Verliebte. Dann kehrt auch die Freude ins Leben zurück – und in den Glauben.

„Dem ganzen Gesetz geht ein ‚Du bist geliebt!' voraus, auf das ein ‚Du wirst lieben' folgt. ‚Du bist geliebt!', darin ist das Gesetz grundgelegt; ‚Du wirst lieben!', das ist seine Erfüllung. Wer immer das Gesetz von diesem Fundament abstrahiert, der liebt das Gegenteil des Lebens" (Paul Beauchamp).

Liebe du mich, Herr

Liebe du mich, Herr,
auch wenn ich nicht liebenswert bin,
auch wenn ich arm und elend bin,
auch wenn ich es nicht verdiene,
auch wenn ich wenig liebe,
liebe du mich, Herr.

Wenn ich am Morgen aufstehe,
voller Träume,
wenn ich mich abends niederlege,
voller Enttäuschungen,
wenn ich ohne allen Elan arbeite,
wenn ich ausgebrannt bin und Ruhe brauche,
wenn ich ganz zerstreut bete,
wenn ich keine Lust habe, dich zu lieben,
liebe du mich, Herr.

Wenn ich meine, dich zu lieben,
ohne dass ich die Menschen liebe,
wenn ich mir einbilde, die Menschen zu lieben,
ohne dich zu lieben,
wenn ich fürchte, zu viel zu lieben,
liebe du mich, Herr.

Wenn ich Angst habe, mir zu schaden,
wenn ich Angst habe, mich zu binden,
wenn ich vor der Liebe fliehe,
wenn keiner mich liebt,
liebe du mich, Herr.

(Adriana Zarri)

Wie soll das geschehen?

(Lukas 1,34)

Heilige Maria, du Frau der Werktage
im Haus von Nazaret:
Zwischen Töpfen und Webrahmen,
zwischen Tränen und Gebeten,
zwischen Wollknäueln und Schriftrollen
hast du, wie es wohl nur eine Frau vermag,
reinste Freude erlebt und bittere Erfahrungen gemacht,
ohne zu verzweifeln,
mehr als einmal hast für immer Abschied nehmen müssen;
komm zurück und begleite uns,
du wunderbares Geschöpf,
du in die Normalität Verliebte,
du, die du vor der Krönung zur Himmelskönigin
die staubige Luft dieser Erde geatmet hast,
so komm und hilf uns,
das Alltägliche hochzuhalten.

(Tonino Bello)

„Im sechsten Monat wurde der Engel Gabriel von Gott in eine Stadt in Galiläa namens Nazaret zu einer Jungfrau gesandt. Sie war mit einem Mann namens Josef verlobt, der aus dem Haus David stammte. Der Name der Jungfrau war Maria. Der Engel trat bei ihr ein und sagte: ‚Sei gegrüßt, du Begnadete, der Herr ist mit dir.'

Sie erschrak über die Anrede und überlegte, was dieser Gruß zu bedeuten habe. Da sagte der Engel zu ihr: ‚Fürchte dich nicht, Maria; denn du hast bei Gott Gnade gefunden. Du wirst ein Kind empfangen, einen Sohn wirst du gebären: dem sollst du den Namen Jesus geben. Er wird groß sein und Sohn des Höchsten genannt werden. Gott, der Herr, wird ihm den Thron seines Vaters David geben. Er wird über das Haus Jakob in Ewigkeit herrschen und seine Herrschaft wird kein Ende haben.'

Maria sagte zu dem Engel: ‚Wie soll das geschehen, da ich keinen Mann erkenne?'

Der Engel antwortete ihr: ‚Der Heilige Geist wird über dich kommen, und die Kraft des Höchsten wird dich überschatten. Deshalb wird auch das Kind heilig und Sohn Gottes genannt werden. Auch Elisabet, deine Verwandte, hat noch in ihrem Alter einen Sohn empfangen; obwohl sie als unfruchtbar galt, ist sie jetzt schon im sechsten Monat. Denn für Gott ist nichts unmöglich.'

Da sagte Maria: ‚Ich bin die Magd des Herrn; mir geschehe, wie du es gesagt hast. Danach verließ sie der Engel'" (Lukas 1,26–38).

Jungfrau, junges Mädchen,
Mutter, wenn du nicht wieder erscheinst,
wird auch Gott traurig sein."

David Maria Turoldo

„Wenn du nicht wieder erscheinst ..." – nicht in Erscheinungen an diesem oder jenem Ort, nicht vor unseren Augen, die sich vielleicht nach Visionen sehnen, sondern in unserem Glauben, im Tun, im Denken, im Leben der Gläubigen. Ohne deine Präsenz wäre das Christentum um einiges ärmer: Es fehlte uns der Lobpreis des Magnifikat, dieses getanzte Lied; es entginge uns, wie Gott uns schon bei der Verkündigung mit der freudigen Begrüßung (*chaire* – Freu dich, Maria!) zu verstehen gibt, dass das Leben auf die Freude ausgerichtet ist; es gäbe auch nicht die Geschichte von der Hochzeit zu Kana, die uns zeigt, wie wichtig diesem Gott die Festfreude seiner Kinder ist: Wasser wird zu Wein, mehr noch: zum besseren Wein, einem Wein, der alle Erwartungen übertrifft, und überreichlich dazu ...

Maria ist wie eine Ikone unserer eigenen Zukunft und zugleich eine Weggefährtin. Damit sie in unserem Leben „wieder erscheint", sollten wir uns ins Evangelium hineinvertiefen, um an ihrem Beispiel zu sehen, was einem Menschen widerfährt, der sich auf den Glauben einlässt.

152 Verse des Neuen Testaments handeln von Maria oder geben Worte von ihr wieder. Der Bogen spannt sich vom Schweigen des Markus und ein paar Takten bei Matthäus, wo Maria als Braut im Schatten Josefs steht, über Lukas mit seiner feinfühligen Feder und seiner Wertschätzung der

Frauen bis zum reifen, ausgearbeiteten Verständnis des Johannes, der Maria als „die" Frau und Mutter sieht.

Das Zweite Vatikanische Konzil hat im 8. Kapitel von *Lumen Gentium* Wesentliches zu einer erneuerten, bibelgemäßen Mariologie gesagt: Die wahre Verehrung besteht darin, dass wir ihre menschlichen Tugenden und ihr Leben der Frohen Botschaft nachahmen; Marias Bestimmung ist auch die unsere. Sie verehren, das heißt ihr ähnlich werden: als Menschen, an die eine Verkündigung ergangen ist; die Gott im Herzen tragen; die in aller Verborgenheit, aber unermüdlich dem Reich Gottes dienen; die sich des göttlichen Kindes, das schwach und wehrlos unter uns ist, annehmen und es schützen – wie Maria und Josef auf der Flucht; denen das Fest und die Freude der Menschen (wie bei der Hochzeit zu Kana) am Herzen liegen; die ausharren bei den ungezählten Kreuzen, an denen Christus bis heute gekreuzigt ist in seinen Schwestern und Brüdern, in den Flüchtlingen und Migranten, den Schiffbrüchigen, den zahllosen Opfern aller Art ...

Ihr ähnlich werden und im Glauben unterwegs bleiben wie sie, von der wir das Staunen und das Fragen lernen können, die alles in ihrem Herzen bewahrte und darüber nachsann (vgl. Lukas 2,51): Worte und Ereignisse, die Begegnung mit Engeln und Hirten, die Krippe und die Flucht ... – in allem war sie auf der Suche nach dem roten Faden, nach dem verborgenen Sinn ...

Verehren wir sie wirklich, indem wir ihr weitere erhaben klingende Titel verleihen wie „Mittlerin aller Gnaden" oder „Miterlöserin"? Oder nicht doch eher durch ganz schlichte Ergänzungen der Litaneien, die uns näher liegen und inspirieren können? Wir könnten sie zum Beispiel anrufen als die, „die sich eilends auf den Weg gemacht hat" – übers Bergland hin zu Elisabet, ein Zeichen ihrer inneren Freiheit und ihres übervollen Herzens.

Maria wahrhaft verehren, das heißt im eigenen Leben weiterführen, was sie gelebt hat: mit aller Ernsthaftigkeit Gott dienen und den Schwestern und Brüdern in einfühlsamer, zärtlicher Liebe.

Blicken wir auf Maria, um den dramatischen Riss zu heilen, der unserem Glauben so zusetzt: das Auseinanderklaffen des „Gottes der Religion" und des „Gottes des Lebens".

Wo ist Gott? In ihrem *Buch der Gründungen*, ihrem letzten Werk, in dem sie für ihre Schwestern Erinnerungen, Begegnungen und Gespräche festgehalten hat, schrieb Teresa von Avila: „Wisst, dass Gott auch inmitten der Kochtöpfe und Pfannen zugegen ist." Der Herr des Universums hält sich in unseren Küchen auf ... Es ist die Botschaft der dreißig Jahre, die Jesus in Nazaret gelebt hat, in „jener großen Schule des Christseins", wie Paul VI. es nannte. Dort hat Maria das Wunder des Alltags gelebt, ohne Aufhebens, ohne Engel und Visionen. „Gott in der Küche", das heißt auch: ihn zu den Menschen bringen; denn er will uns da nahe sein, wo wir leben und arbeiten.

Die englische Mystikerin Juliana von Norwich spricht in einer ihrer Visionen vom „häuslichen" Gott. Wenn wir ihn nicht ganz nah spüren, zu Hause und unterwegs, bei Tisch und bei der Arbeit, in der Schönheit des Schlichten und

Einfachen, dann haben wir noch nicht den Gott des Lebens gefunden, dann stecken wir noch in einer rationalen Vorstellung des Gottes der Religion.

Die Frau von Nazaret, eine Hausfrau, ist eine enorme Herausforderung für uns: Sie drängt uns, von einer Spiritualität, die auf der Faszination des Außergewöhnlichen gründet, Abschied zu nehmen und zu einer Mystik des Alltags zu finden. Von theoretischen Vorstellungen zur greifbaren Wirklichkeit, in die Einfachheit des Alltäglichen ... Gott wandelt da mittendrin!

Die Küche ist der Ort, der uns an unseren Leib und seine Bedürfnisse erinnert, an den Kampf ums Überleben wie an das Genießen, an die kleinen Freuden wie an die Verwandlung der Gaben der Erde, ja an die große Transformation des Kosmos. „Die Wirklichkeit schmeckt nach Brot", schreibt Luigi Verdi; Gott schmeckt nach Brot. „Im Alltäglichen zeigt sich, was wir zuinnerst sind" (Michel de Certeau).

Maria kann uns helfen, den „Gott der Religion" und den „Gott des Lebens" wieder zusammenzubringen, den Gott des Gottesdienstes aufs Neue zu vereinen mit dem des täglichen Lebens – und mit dem des Sonnengesangs: mit jenem Gott, den alle Geschöpfe preisen, der die Blicke erhellt, der Wärme und Nähe schenkt und das Leben stärkt.

Folgen wir nun der Erzählung von der Verkündigung, als sei sie eine an uns adressierte frohe Botschaft. *Euanglismos*, „Evangelisierung", heißt die Verkündigung an Maria im Griechischen.

„Der Engel trat bei ihr ein" (Lukas 1,28), bei ihr zu Hause. An irgendeinem Tag, an irgendeinem Ort, bei irgendeiner jungen Frau: Die erste Verkündigung der Frohen Botschaft geschieht in einem ganz gewöhnlichen Rahmen; dieses kolossale Ereignis ereignet sich mitten im Alltag, ohne Zeugen, in einem einfachen Haus, nicht im grandiosen Tempel.

Wie schön, dass Gott uns nicht nur in den feierlichen Liturgien der Kathedralen streift, in den großen Abteien, in den Kapellen, in den Gebetswachen, sondern auch und gerade im gewöhnlichen Leben, mitten im Alltag!

Das Haus ist nicht nur ein bergender Wohnraum, es gibt auch den Blick ins Unendliche frei, es ist so etwas wie ein Einfallstor für Gott selbst, der da ist, wo ich zu Hause bin, ganz ich selber. Zu Hause streift Gott den Menschen, da berührt er ihn: in den Höhen und in den Tiefen seines Lebens, wenn er trunken ist vor Freude, wenn sein Herz so von der Liebe ergriffen ist, dass er dem geliebten Menschen das Größte sagt, was man sagen kann: Worte, die ewig gelten sollen ... Zu Hause, da berührt Gott ihn aber auch, wenn ihm nur noch nach Weinen zumute ist, wenn jemand ihn in die Arme nimmt oder wenn er im Grau des Alltags den Mut fasst, sich auf Neues einzulassen ...

Fragen wir uns einmal: Wo glauben wir heute Gott zu finden? An welchen Orten vermuten wir ihn ganz spontan? Vielleicht in den Kirchen? In den Gottesdiensten? Doch unser Gott lässt sich auch auf den Straßen antreffen, in den Häusern, in einer Wiege, in der ein Neugeborenes liegt, in der Selbstverständlichkeit, mit der jemand sein

Brot teilt, in der Nähe und Liebe eines Menschen ... Das Bild, das von Jesus und seinem Leben geblieben ist, zeigt ihn nicht bei seinen Besuchen im Tempel, sondern mitten im Leben der Menschen: auf Straßen und Feldern, am See und in den Dörfern, in den Häusern bei einem Gastmahl, da, wo Menschen weinen und wo wohlriechendes Öl vergossen wird. Auf dem Bild, das von Jesus geblieben ist, sind Menschen, Gesichter und die „Liturgie der Gesten" zu sehen.

„Wenn du nicht wieder erscheinst, wird auch Gott traurig sein." – Maria hilft uns, die Ikone Gottes neu zu malen, eine Ikone, die einen begehrenswerten, schönen, anziehenden Gott zeigt.

1. Marias Gott ist zuerst ein Gott der Freude. *Chaire – Freu dich, Maria!*, lautet der freudige Gruß des Engels. Du hast Grund zur Freude!

Es ist keine scheue, respektvolle Begrüßung, sondern geradezu eine Aufforderung: Freue dich und juble! Sei glücklich, Maria, denn Gott hat dir sein Herz geschenkt. Die Worte *klingen* geradezu, da schwingt mit, was wir alle Tag für Tag suchen und oft nicht finden: eine große Freude! Der Engel sagt nicht: Bete, knie nieder, tu dies, tu das. Nein, er sagt ganz einfach: Öffne dich der Freude, lass die Sonne in dein Herz scheinen!

Gott kommt mit der ganzen Zärtlichkeit seiner Liebe. Er kommt, um zu umarmen. Er kommt mit einer Glücksverheißung. Er *darf* so nahekommen, denn seine Nähe stärkt das Leben. Bis heute verlockt uns Gott dadurch, dass er die Sprache der Freude spricht. *Chaire*, freue dich! Das ist die frohe Botschaft, die am Anfang der ganzen „Frohen Botschaft" (griechisch: *euangelion*) steht. Maria ist die freudige Glaubende.

Im Loblied des Magnifikat bricht ihre Freude sich Bahn. Da leuchtet auf, was Glauben bedeutet: Offenheit für einen in seine Geschöpfe verliebten Gott, auf den wir uns verlassen können. Gerade wenn wir dazu neigen, eine gewisse Schwere an den Tag zu legen, erinnert uns Maria daran, dass Glaube frohes Vertrauen ist: Er hat mehr vom freudigen Lächeln des Mädchens aus Nazaret als vom tiefen Ernst der alten Propheten oder eines Täufers Johannes.

Marias Lied verheißt Glück und Segen, es sagt uns die tröstende Nähe Gottes zu in den Nöten des Lebens, in Einsamkeit und Enttäuschung; die Zuversicht, dass das Schöne stärker ist als der Drache der Gewalt (vgl. Offenbarung 12,1–6).

Der Gruß des Engels versichert uns, dass im Glauben Freude liegt. Glücklich ist übrigens nicht Maria an sich, sondern Maria als von Gott geliebte Glaubende: Elisabet nennt Maria „selig", weil sie der Verheißung geglaubt hat (vgl. Lukas 1,45) ... Im Glauben liegt ein Glück, das wie eine Knospe aufblühen will; wer glaubt, dessen Herz hat den zur Seite, der Freude, Freiheit und Fülle ist.

Glauben ist keine Substraktion, sondern eine Addition: Er nimmt nichts Menschliches weg, sondern fügt ihm etwas hinzu; je mehr vom Evangelium in mein Leben dringt, desto lebendiger werde ich, ich als Mensch. Mehr Gott, das heißt zugleich: mehr ich!

Glauben führt zur Schönheit des Lebens. Glauben heißt dem Leben trauen: Es ist schön zu leben, zu arbeiten, zu denken, etwas zu schaffen, Freunde zu haben, Leben zu schenken, seine Berufung zu leben ... Warum? Weil alles unter einem positiven Vorzeichen steht und seinen Sinn hat, seinen guten Sinn, schon hier – und für immer. Glauben ist Fest, Glauben ist Wagnis: das Wagnis, glücklich zu sein.

2. Marias Gott ist ein verliebter Gott. Das zweite Wort des Engels, *kecharitomene*, bedeutet so viel wie: Gott hat sich dir zugeneigt; er hat sich in dich verliebt. Du hast ihm das Herz geraubt, und er hat dich mit Licht erfüllt. Von nun an soll dein Name sein: die Begnadete, die Geliebte-auf-ewig ...

Und Marias Name soll unser Name sein: Ob wir mehr oder weniger gut sind – eine jede, ein jeder ist für immer geliebt. Ob Groß oder Klein, eine jede, ein jeder trägt den Himmel in sich. Maria ist nicht „voll der Gnade", weil sie Gott Ja gesagt hat, sondern weil Gott als Erster Ja zu ihr gesagt hat. Und er sagt sein Ja zu jedem von uns, vor jedweder Antwort. Seine Gnade ist uns geschenkt, jeder, jedem Einzelnen, so wie wir sind. Damit die Gnade wirklich Gnade ist und nicht Verdienst oder Kalkül. Maria ist die Gnadenvolle nicht aufgrund ihrer Heiligkeit, ihrer Sündelosigkeit oder Treue, sondern weil Gott zu ihr gekommen ist. Er hat bei ihr angeklopft. Und sie hat ihm geöffnet. Auch wir können die Heiligkeit wiedergewinnen: immer dann, wenn wir diesem Gott die Tür öffnen, ihm, der *immer* an der Schwelle unseres Herzens steht und wartet. „Die Heiligkeit ist nicht Kampf, sondern Bereitschaft, sich zu öffnen" (Marina Marcolini). – Der Anfang unseres Glaubens hat eine passive, eine sehr weibliche, marianische Seite: das Empfangen eines Gottes, der liebt. Paulus adressiert seinen Brief an die Römer wie folgt: „An alle in Rom, die von Gott geliebt sind, die berufenen Heiligen" (Römer 1,7). Heilige sind sie, weil sie geliebt sind. Es geht um eine Heiligkeit, die nicht im Befolgen von Vorschriften und Geboten besteht, sondern unserem Verhalten vorausliegt: eine prä-ethische, eine vor-moralische, eine ursprüngliche Heiligkeit.

Heilige sind wir, weil wir geliebt sind: Es ist die Liebe, die zu uns kommt, sich den Weg in unser Inneres bahnt und uns heiligt. Sich von der Sonne bescheinen lassen, Licht und Wärme tanken und sie dann peu à peu weitergeben ... Nicht die Religion, nicht die Frömmigkeit machen uns gut vor Gott; es ist umgekehrt: Er, seine Liebe macht uns zu Heiligen ...

3. Maria betritt die Bühne als die Frau, die an die Liebe glaubt. Der Engel wurde „von Gott in eine Stadt in Galiläa namens Nazaret zu einer Jungfrau gesandt. Sie war mit einem Mann namens Josef verlobt". Die junge Frau hat schon ihr erstes Ja gesagt, nicht zu Gott, sondern zu Josef.

Von Maria wissen wir zweierlei: Sie hat ihre Liebe gefunden: Josef, und sie hat ein Zuhause. Auf vieles können wir verzichten, doch ein Zuhause brauchen wir. Es kann uns an allem fehlen, doch um zu leben, brauchen wir Liebe, ja

„wir brauchen viel Liebe, um gut leben zu können" (Jacques Maritain). „Wer nicht liebt, bleibt im Tod" (1 Johannes 3,14), ist eigentlich tot, schreibt Johannes. Wenn Maria auch sonst an allem arm gewesen sein mag, so hat Gott sie nicht arm an Liebe gewollt. Maria traut der menschlichen Liebe, die ja per se nach Ewigkeit dürstet. Sie ist in Josef verliebt, und gerade das macht sie offen für das Mysterium. Diese junge Frau, die in den Raum der Liebe getreten ist, kann sich nun für den Himmel öffnen. Was könnte auf Erden mehr den Weg zum Absoluten auftun als die Liebe? Sie ist wie ein heiliger Ort, den die Engel besuchen; sie öffnet für eine andere Welt. Das Herz ist das Tor zu Gott.

Nach Lukas ergeht die Verkündigung an Maria, nach Matthäus an Josef. Wenn wir beide Erzählungen übereinander halten, sehen wir, dass sie an ein Ehepaar gerichtet ist, an die Braut *und* den Bräutigam, an die junge verliebte Frau und den verliebten „Gerechten". Die beiden jungen Leute, so ist anzunehmen, waren einander in reiner, zärtlicher Liebe zugetan. – Gott ist in unseren Beziehungen am Werk, er spricht in den Familien, in unseren Häusern und Wohnungen, in unseren Gesprächen, in den Dramen und Krisen, in unseren Zweifeln und in unserer Begeisterung, überall da, „wo der Himmel den Nomaden der Liebe eine Oase bereitet" (Giuseppe Ungaretti). Gott nimmt dem Paar bzw. der Familie nichts weg, er drängt sich nicht auf, er nimmt sie ernst und schätzt sie wert. Er sucht „ein Ja im Plural", das besonders kreativ werden kann, weil da zwei Herzen zusammenkommen, viele Träume – und sehr viel Arbeit.

4. Das erste Wort, das Maria auf die Botschaft des Engels hin sagt, ist nicht ein Ja zu Gott, sondern eine Frage: „Wie soll das geschehen?" Eine große Frage. „Dein erstes Wort, Maria, / lass uns in unser Herz aufnehmen: / Wie soll das gehen, hier, heute: / dass auch wir Sein Wort empfangen?" (David Maria Turoldo).

Bedenken äußern und Fragen stellen, das ist eine Weise, wie wir dem Herrn in all unserer menschlichen Würde gegenübertreten können. Wir nehmen das Mysterium an, aber gleichzeitig bedienen wir uns auch unseres Verstandes. Ich sage, was für mich geht; danach kann ich dann auch mein Ja zu den Wegen sagen, die meine Möglichkeiten übersteigen. Eine unkritische Zustimmung ist nicht wirklich des Menschen würdig; im Übrigen könnte es sein, dass wir vorschnell Ja zu etwas sagen, was Gott gar nicht gesagt hat: Wir haben es uns nur eingebildet.

Es ist hilfreich, die Welt und das Leben, den Menschen, ja sogar Gott als „offene Systeme", als ein „Werden" zu sehen. Es hat Zeiten gegeben, da wurden Menschen, die Fragen stellten und Zweifel hatten, als schwach im Glauben betrachtet. Ich freue mich, wenn mir jemand sagt: „Pater, vieles verstehe ich einfach nicht; ich habe eine Reihe von Fragen!" Nirgends steht geschrieben, dass ein felsenfester Glaube besser wäre als ein schwacher Glaube voller Fragen. Wichtig ist die Aufrichtigkeit, die Authentizität des Glaubens; wenn er schwach ist, dann braucht er Gott umso mehr!

Ich blicke nicht zuletzt deshalb voll Hoffnung in die Zukunft, weil die Fragen im Volk der Christen immer mehr werden: Keiner begnügt sich mit dem, was er vom Hörensagen kennt, keiner gibt sich mit vordergründigen oder fertigen Antworten zufrieden. Die Menschen von heute möchten verstehen, den Dingen auf den Grund gehen, sich den Glauben zu eigen machen.

War der Glaube in Zeiten, in denen alle geschwiegen haben, etwa größer? Das Gegenteil scheint mir richtig, und wenn es für uns heute anstrengender ist, möchte ich ausrufen: Halleluja, endlich!

Maria, diese ganz junge Frau, zeigt eine große Reife, wenn sie sehr konkret nachhakt: Ich habe keine sexuellen Beziehungen; wie soll das gehen? – Ihre Reaktion lässt sie der Situation gewachsen erscheinen. Sie sagt nicht: „Das ist unmöglich!", sondern: „*Wie* soll das geschehen?"

„Fürchte dich nicht, Maria ... Für Gott ist nichts unmöglich!" Für ihn ist es möglich, dass eine Jungfrau ein Kind zur Welt bringt; dass das Wort aus der Verbannung wiederkehrt, nicht als Ruf, sondern im ersten Schrei des Neugeborenen; dass aus einem dunklen Schoß das wahre Licht hervorkommt. Es sollte sich zeigen, dass es mit Jesus, durch ihn möglich ist, dass eine Sünderin nicht gesteinigt wird, sondern Vergebung erfährt; dass ein Lazarus nach drei Tagen aus dem Grab steigt und seine Binden getränkt sind von den Tränen Gottes; dass der verlorene Sohn bei seiner Rückkehr mit einem großen Fest empfangen wird ... Das Unmögliche wird möglich: die andere Wange hinzuhalten; siebzigmal siebenmal zu vergeben; die Feinde zu lieben; aus Liebe zu sterben und aufzuerstehen. „Das Leben des Glaubenden ist nur verstehbar, wenn darin etwas Unbegreifliches liegt" (Simone Weil).

Es ist möglich, in dieser unglücklichen, oft gnadenlosen Welt Gnade zu finden. Es ist möglich, dass ich von oben neu geboren werde und neu werde, weil Gott mit mir ist, immer.

Maria glaubt an die Möglichkeit des Unmöglichen. Und auch heute kommen Engel und sagen uns, dass das Unmögliche möglich geworden ist.

„Maria, mit Gott schwanger, unterwegs über die Berge Judäas, ist das stärkste Bild, das uns das Evangelium über den Sinn und das Ziel unseres Lebens zeichnet. Es ist eine wunderbare Metapher. Schwanger, mit Gott in uns, schwanger von Licht, das heißt in seiner Präsenz leben. Es ist nicht nötig, dass du immer an ihn denkst, er ist ja schon in dir wie das Kind in der Mutter. ‚Ich verspüre eine wachsende innere Gewissheit, dass in mir ein Depot voll von reinem Gold ist, das weitergegeben werden will', schrieb Simone Weil. – Wir gehen schwanger durch die Welt, den Bauch voller Licht, voller Liebe. Den Bauch, nicht nur die Seele. Wir als Menschen, mit unserem Leib. Gesegnet sei dieser Leib, seine Kraft, seine Schönheit, seine Fähigkeit zu lieben und Leben zu schenken" (Marina Marcolini).

Meister Eckhart schrieb, die ganze Heilige Schrift und das Leben Jesu Christi hätten dieses eine Ziel: dass Gott in uns geboren würde. Alle seien berufen, Mutter Gottes zu sein; denn Gott wolle immer auf die Welt kommen.

Maria hat uns viel zu sagen. Ohne ihren Leib verlöre das Evangelium seine „leibliche Gestalt". Nach Origenes ist das plastischste, aussagekräftigste Bild für einen Christen die schwangere Frau, die sich aufmacht, den Menschen das neue Leben zu bringen, das sie schon im Schoß trägt (vgl. *In Exodum X, III*). Als Gläubige sind wir in der Welt unterwegs wie Maria: *ferens Verbum*, Christus, das Wort, in uns tragend, hin zu den Menschen.

Sie, die Schwangere, ist das klarste Bild des Gläubigen; denn ein jeder ist der Himmel Gottes; ein jeder lebt nicht nur sein Leben, sondern auch das Leben Gottes, den er in sich trägt; jeder geht durch die Welt wie eine Monstranz, die Licht ausstrahlt.

Es „erschien ein großes Zeichen am Himmel: eine Frau, mit der Sonne bekleidet ... Sie war schwanger"; vor ihr stand ein Drache, der ihr Kind verschlingen wollte (Offenbarung 12,1–4). Das Bild der Offenbarung steht für uns alle, für die ganze Kirche, für jede und jeden Gläubigen, für Maria. Es zeigt unsere dreifache Aufgabe: Zeugen des Lichtes sein, Leben bringen und gegen das Böse ankämpfen.

Eine schwangere Frau muss nichts sagen: Alle können sehen, dass sie schwanger ist. Es sind nicht die Worte, es ist nicht die Beschwörung christlicher Wurzeln, die zeigen, dass wir Gott in uns tragen, es ist vielmehr ein Leben, das für sich selbst spricht ... Wenn Gott in uns Gestalt annimmt und wächst, dann sieht man das. Wie bei Maria, der stillen Mutter des schweigenden Logos, in der Zeitspanne zwischen dem Magnifikat und Betlehem, der heiligsten Zeit im Leben einer Frau.

5. Ich soll Mutter werden? Wie soll das geschehen?, fragt Maria.

Maria wahrhaft verehren, das heißt: ein schlichtes Zelt für den *Logos*, das Wort, werden – wie sie, die sich ganz vom Heiligen Geist hat leiten lassen.

Maria wahrhaft verehren, das bedarf nicht einer Vielzahl von Frömmigkeitsübungen; es heißt, wie sie für Christus Mutter zu werden, ihm Fleisch und Blut zu geben, ihm in unserem Leben Gewicht und Bedeutung zu geben.

Maria wahrhaft verehren heißt auch nicht so sehr, sie um ihre Hilfe zu bitten, als vielmehr wie sie Gott zu helfen, sich zu „inkarnieren" in den Häusern und Straßen unserer Welt, in der Zuwendung zu den Menschen, in einer Umarmung ...

* * *

„Wer ist meine Mutter?" (Matthäus 12,48), lautet eine weitere wichtige Frage Jesu. Seine Antwort: „Wer den Willen meines himmlischen Vaters erfüllt, der ist für mich Bruder und Schwester und Mutter" (12,50). Und was will der himmlische Vater? Dass der Mensch wachse: an Bewusstsein, Freiheit und Liebe. Diese drei Richtungen hat Gott in ihn „hineingesät", als er ihn schuf.

So bitte ich Maria nicht so sehr um ihren Schutz, sondern um etwas weit Größeres: Ich bitte sie, dass ich werden kann wie sie, ein leidenschaftlicher und froher, ein freier und starker Glaubender. Als Betende bitten wir – mehr als um Beistand und Hilfe – darum, verwandelt zu werden, eine „andere Maria" sein zu können, „das leuchtende Bild unserer eigenen Zukunft, die ganz Schöne, unsere Schwester" (Davide Maria Montagna).

Maria kann uns helfen, das Alphabet des Lebens wieder zu entdecken. Und neu uns selbst zu entdecken als Wohnung des barmherzigen Gottes, der wie ein Obdachloser auf der Suche nach einer Herberge ist.

Maria kann uns helfen, offen zu werden für andere, feinfühlig zu sein, uns bewegen zu lassen, Güte zu zeigen. Sie kann uns in den Lobpreis des Magnifikat einstimmen lassen und uns helfen, unsere Augen und Ohren zu öffnen für die Menschen in Not, für die Leidenden; uns auf den Weg zu machen zur Begegnung mit dem anderen und die Hand zu öffnen für das Geschenk des Friedens.

Und schließlich lehrt uns Maria, Buchstabe für Buchstabe das schönste Wort zu vernehmen, das Gott einer jeden, einem jeden ganz persönlich sagt, und das ist dieser Mensch selbst, sein Leben! Paulus schreibt: „Unverkennbar seid ihr ein Brief Christi, ausgefertigt durch unseren Dienst, geschrieben nicht mit Tinte, sondern mit dem Geist des lebendigen Gottes, nicht auf Tafeln aus Stein, sondern – wie auf Tafeln – in Herzen von Fleisch" (2 Korinther 3,3). Ein Brief Christi, ein wunderbares Wort Gottes sind wir, eine jede, ein jeder; der Prozess der Inkarnation geht unaufhörlich weiter, auch in dir.

Gesegnet

Gesegnet bist du, Maria,
in allen Fragmenten deines Lebens,
die über die Welt verstreut sind,
in allen, in denen etwas von dir lebt, in jeder Frau.
An sie ergeht heute der Gruß der Elisabet
als unser Segenswunsch:
Sei gesegnet und voll der Gnade,
der Geist des Herrn sei mit dir;
gesegnet und ein Segen für die Menschen
sei die Frucht deines Leibes und deines ganzen Lebens,
auf dass die Erde Frieden finde,
auf dass die verfeindeten Brüder sich versöhnen,
auf dass Kain entwaffnet werde
und Abel auferstehe,
auf dass alle zum Land des Vaters finden.